中国传统手工纸生产旧影

王诗文◎整理

陈龙◎重编

国家图书馆出版社

图书在版编目（CIP）数据

中国传统手工纸生产旧影 / 王诗文整理，陈龙重编，—
北京：国家图书馆出版社，2023.8

ISBN 978-7-5013-7634-6

Ⅰ．①中… Ⅱ．①王… ②陈… Ⅲ．①手工纸－造纸－
中国－摄影集 Ⅳ．①K875.42

中国版本图书馆CIP数据核字（2022）第218178号

书　　名	中国传统手工纸生产旧影
著　　者	王诗文 整理　陈龙 重编
责任编辑	潘云侠
装帧设计	🔲🔳文化·邱特聪

出版发行　国家图书馆出版社（北京市西城区文津街 7 号　100034）
　　　　　（原书目文献出版社　北京图书馆出版社）
　　　　　010-66114536 63802249　nlcpress@nlc.cn（邮购）
网　　址　http://www.nlcpress.com →投稿中心
印　　装　北京科信印刷有限公司
版次印次　2023 年 8 月第 1 版　2023 年 8 月第 1 次印刷

开　　本　889×1194　1 / 16
印　　张　15.25
书　　号　ISBN 978-7-5013-7634-6
定　　价　280.00 元

王诗文先生八十周岁小影

王诗文 （一九二九年十一月一日—二〇一九年四月九日）

祖籍浙江绍兴，一九二九年十一月生于北京，一九五一年毕业于天津南开大学化学工程系。从事制浆造纸技术及纸史研究工作六十余年。一九五九年以前，先后在北京中国人民大学和轻工业部从事手工纸的教学研究和技术管理工作。一九五九年以后，在云南从事造纸厂的设计工作。曾任中国造纸学会纸史委员会委员、云南省造纸学会常务理事、云南省设计院高级工程师。

序言

序
一

王菊华

首先，祝贺陈介甫先生（重编者陈龙）收藏并整理的《中国传统手工纸生产旧影》即将顺利出版。作为一个热爱古纸收藏和关注中国造纸历史的年轻人，陈介甫先生利用业余时间寻觅收藏了许多珍贵的造纸文物资料，这组照片便是其中的一部分。照片是长期从事中国造纸史和手工纸研究的专家王诗文先生的遗物，它真实反映了 20 世纪 50—60 年代中国手工纸生产的实际情况。当时我国手工纸的产量约占全国纸张总产量的 40%～50%。古代很多宝贵的生产经验和生产技艺，大都还能传承并在生产实践中加以应用，这组照片能够把这段过往的情况记录下来，实属难能可贵。后来随着机制纸的发展，手工纸受到很大冲击，槽户倒闭、精美技艺失传，要想再找到那些过去的生产情况就很困难了。

王诗文同志，祖籍浙江绍兴。1929 年 11 月生于北京，2019 年 4 月在昆明病逝，享年 90 岁。王诗义同志的一生，兢兢业业，不辞劳苦，一直到生命的最后时刻仍不忘中国造纸事业的发展，为中国造纸史的研究、中国手工纸的研究、云南造纸工业的发展作出了杰出的贡献。

王诗文同志 1951 年毕业于天津南开大学化学工程系，毕业后在中国人

左起：达尔文·尼夏、周志艺、王菊华、王诗文、朱培文、陈彪
首届中日韩造纸史学术研讨会　浙江富阳　2009年11月（王昌命先生提供）

民大学担任手工纸的教学工作，曾多次到手工纸产区实地考察，后来王诗文同志调到轻工业部造纸工业管理局，专门从事中国手工纸的生产技术管理，这使他有条件也有必要对全国各地的手工纸生产情况进行全面的调查研究。1959年以后王诗文同志调到云南省设计院。云南省是多个少数民族集居的地区，王诗文同志又抓紧对云南少数民族手工造纸的传统技艺作详细的调查和研究。这样的工作经历，再加上他个人的努力，使他早就成为中国造纸史和中国手工纸研究方面杰出的专家。他总结手工纸技艺的专著——《中国传统手工纸事典》2001年在台湾出版，陈大川先生在对该书的推荐序言中说："这是古今中外第一本完整而有系统地介绍中国传统手工纸的书。"1997—2005年他又和我们合作完成了"九五"中国科学院国家项目中的《中国古代造纸工程技术史》的研究和编撰，2006年由山西教育出版社出版。此次整理出版的《中国传统手工纸生产旧影》，应该是王诗文先生对上述两部著作插图的补充，对于今天我们研究中国手工纸生产具有很好的参考价值。

感谢陈介甫先生收藏并整理出版《中国传统手工纸生产旧影》，怀念王诗文同志为中国造纸史研究无私奉献的一生！

2021年8月

序

二

李晓岑

　　我是 1992 年认识王诗文老师的，一直颇有来往。应陈介甫先生的邀请，在王老师的著作《中国传统手工纸生产旧影》即将出版之时，写上几句话。下面谈谈我与王老师的交往，借此怀念这位中国手工纸研究的先驱。

　　1990 年，我从中国科学技术大学硕士毕业回到云南，受潘吉星先生和张秉伦先生的影响，对云南少数民族造纸技术很感兴趣，1990 年发表《谈白族古代造纸术》，1992 年发表《中国纸和造纸术传入印巴次大陆的路线》。当时，王诗文老师来云南省社会科学院查找资料，听说我刚在《历史研究》上发表造纸史的文章，提出要见见我。这样，我们在省社科院的一个办公室相见了，这时我才知道王诗文老师是国内研究手工纸的先行者。

　　王诗文老师祖籍浙江绍兴，1929 年 11 月生于北京，1951 年毕业于天津南开大学化学工程系。他早先在中国人民大学教书，后来在轻工业部从事手工纸的技术管理工作，所以，20 世纪 50 年代得以在全国主要地区实地调查手工造纸和相关情况。1959 年他调到云南，在云南省设计院从事造纸厂的设计工作，任高级工程师。

1992年以后，我们互相都有来往，我常常到云南省设计院看望他，他成为我在云南很熟悉的同行和学界长辈。1997年8月我到北京出差时得以拜访另一位著名纸史专家王菊华老师，就是通过王诗文老师介绍的。王老师对手工造纸非常有感情，又是热心人，只要打听到省内谁在做手工纸方面的工作，他都会找上门交流学习，谈论手工纸和造纸史是他老人家最为高兴的事。

当时，他偏重云南地方造纸工业史的研究，我着重于云南少数民族手工造纸的调查，他热情地鼓励和支持我的工作。1999年，我们的《云南少数民族手工造纸》出版后，他高兴地告诉我，他买了好多本送给国内外的造纸界同仁，包括日本的朋友，让我很过意不去。2001年以后我到北京读书和工作，仍然与王老师有较多的交往，回云南时常常去看望他老人家。2003年1月，我承担的云南省软科学项目"云南传统工艺的发掘和应用"结题，通过省科技厅，邀请了林超民先生、邱宣充先生、尹绍亭先生、林文勋先生、和少英先生与会，王诗文老师也是被邀请的专家，都是云南省内的重要专家，王老师任专家组副组长，对我们的成果提出宝贵意见，给予了认真的评审。

2009年11月在浙江富阳召开了一个中日韩造纸史的会议，很多上一辈研究手工纸的老先生都参加了会议，包括从云南远道而来的王诗文老师。这次会议之后，2012年10月王诗文老师的老朋友王菊华老师到云南调查手工纸，我们陪王菊华老师一起去拜访王诗文老师，两位前辈都过了80岁高龄，一起相谈甚欢，我们作为后辈也深受感染。

以后回云南，我又去王老师的新居看望了他。他说想做些韩国手工造纸的研究，80多岁老人了，身体也不太好，但他对专业的追求还是那么投入，让我心里一阵阵感动，但很有限的研究条件也让人有点心酸。我向他谈了我们对造纸术研究的新进展，以及对造纸术起源的新见解，他表示应尊重新的成果。但数年之后再回到云南，想拜见他老人家，却

左起：周志艺、李晓岑、王菊华、王诗文
首届中日韩造纸史学术研讨会 浙江富阳 2009年11月（陈彪先生提供）

打不通他家的电话了，也一直没有他的消息，我心里很着急，也无法找到其他熟人问一下，几年后才得知他老人家于2019年4月以90岁高龄辞世。

王诗文老师是中国手工纸研究的先驱，相比纸史专家潘吉星先生20世纪60年代的调查工作，他在50年代的调查工作更早而且更有系统性。今天，他给后世留下的几本著作都有非常重要的学术价值。2001年在台湾出版的《中国传统手工纸事典》，内容非常丰富，纸史专家陈大川先生评价："这是古今中外第一本完整而有系统地介绍中国传统手工纸的书。"该书已成为关于中国手工纸的重要著作。他组织和参与编写的成果《云南省造纸工业史》（2002年印刷），有很高的地方科技史价值，曾以内部印刷的方式与学界交流。国内学术界较熟悉的是《中国古代造纸工程技术史》（王菊华等编写，2006年出版），王诗文老师撰写了第八章和第九章，特别是第九章，展现了1950年代中国手工造纸方法的全貌，记得写作和出版过程中，他多次到北京开会，出版后获得学界称道。

现在，国家图书馆出版社要出版《中国传统手工纸生产旧影》，这是很有眼光的举措。这些以 20 世纪 50 年代王诗文老师搜集整理为主的手工造纸老照片，反映了中国各地还没有受机制纸影响的原汁原味的传统手工造纸方法，王老师早先系统的手工纸调查工作得以栩栩如生地呈现出来，弥补了《中国传统手工纸事典》相关内容没有照片的缺憾。看到这些珍贵的旧影，不仅感受到其中重要的文化遗产价值，也让我更加怀念可亲可敬的王诗文老师。

2022 年 12 月

目 录

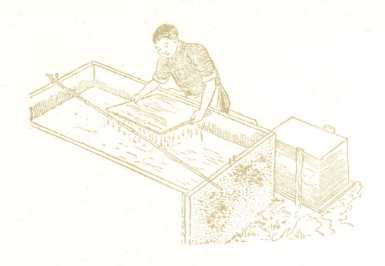

第一章

竹纸

竹纸生产及加工
旧影解说

陈
刚

　　竹料造纸技术的高度发达是中国手工造纸的一大特点。唐宋之际，随
着纸张使用的普及，特别是印刷术的发展，以麻、皮为原料的纸呈现出一
种供应不足的状况，以竹造纸的技术就应运而生了。竹子再生性强，原料
供应充足。然而，用竹子造纸比用树皮和废麻造纸困难，尤其是制造优质
的竹纸需要高超的技术。它是在吸取优质皮纸制造经验的基础上发展起来
的。同时，改进了多次蒸煮、天然漂白工艺。特别是对于较为坚硬的竹料，
开发出了多种多样的发酵工艺。竹纸的制作工艺，在各种原料的手工纸制
作工艺中可以说是最为多样的。

　　笔者在撰写《中国手工竹纸制作技艺》一书时，收集了不少早期的竹
纸工艺文献，特别是民国时期的文献。这些文献由于摄影、印刷条件的限
制，以及工艺记录在纸业调查中的次要地位，很少附有照片，即使有也大
多模糊不清。这种情况　直延续到1949年后的很长一段时间，这也使拙
著在早期图片的收录与研究方面留下了遗憾。

　　最近，江阴陈介甫君购得一套主要摄于"文革"前的影集，名为《中
国手工纸生产过程照片》，引起了同好们的关注。经过一番考证，确定为

我国著名手工纸研究专家王诗文先生生前收集整理。介甫君获此影集，打算将其扫描复制，与王老参与编印的一些纸史资料重刊合装成册，以嘉惠楮林。因嘱余就其中竹纸生产过程照片做些说明，初有勉为其难之感，但翻阅这些弥足珍贵的照片，又有些话想一吐为快。

笔者了解王老，是世纪之交在日本求学期间，从拜读其在台湾出版的《中国传统手工纸事典》（以下简称《事典》）开始的，其中关于传统手工纸的制法，有不少不见于其他文献的材料。回国以后，虽然与王老有些交往，但并不太多。20世纪50年代，王老在中国人民大学担任手工纸教学工作时，曾多次到主要的手工纸产区进行实地考察。后来他在轻工业部造纸工业管理局专门从事手工纸的生产技术管理工作，对当时全国各地的手工纸生产情况有比较全面的了解。据他本人说，"文革"期间，他利用闲暇时间整理相关材料，在1990年退休后整理成书，因出版经费等种种原因，未能出版。后来，部分内容又以《保留至今的中国传统造纸技术》为题，收录在王菊华老师的《中国古代造纸工程技术史》一书中。

这本影集，以竹纸生产过程的材料最为丰富，包括江西、湖南、福建、浙江、四川等地具有代表性的连史纸、贡川纸、毛边纸、元书纸类竹纸的生产照片，以50年代为主，也有一些八九十年代补充的材料。这些照片的来源，有的可能来自王老自摄，但也可能是当时从事手工纸生产管理工作时收集的资料。其中部分发表在50年代的书籍、刊物中，如《造纸工业》杂志。

影集的竹纸部分，开篇为江西瑞金生料竹纸（玉扣纸）的生产过程，并标有"1954年"字样。王老在《事典》一书中介绍了江西、福建生料法制竹浆的过程，这里不再赘述。这套照片，非常完整地展示了这一生产流程。影集中还有一本题为《福建长汀玉扣纸生产过程照片》，内容与之类似，不过应该摄于80年代后期，1992年黄马金主编的《长汀纸史》中有两张照片与之几乎相同。毛边纸类竹纸的打浆，传统普遍采用脚踩技术，劳动强度较大，并且容易造成脚部的职业病，近年来基本已改为机械打浆。瑞金、长汀玉扣纸影集中所附的踩料照片，留下了当时的场景。毛边纸的抄造，时至今日，仍采用双人并立抬帘法，极具特色。这种方式，在民国文献中即有较为详细的介绍，但未有图片。[1] 通过影集照片，可以看到这种方法的早期形态：纸帘上还未设置吊绳。该照片曾发表在《中国古代造纸工程技术史》中。这套照片的最后一张，是浇制竹浆板。在当今手工竹纸的制造中，由于传统的制浆过程时间长、劳动强度大，有些地方已经改用现代制浆工艺生产竹浆板，大大降低了成本和环保压力，但同时也改变了传统竹纸的一些特色。在 20 世纪 50 年代，情况则相反，由于当时我国的造纸工业尚不发达，又面临西方的经济封锁，机制纸和纸浆短缺，需要充分利用分散而庞大的手工造纸产能，生产适合近现代书写印刷方式的纸张及中间原料。手工浇制竹浆板，其目的是向机制纸厂提供原料。照片中可以看到盛放竹浆的木制大料桶，以及放在小桌（实际是木榨的平台）上的定型木框，下衬有用来渗水的竹篾垫。工人正手执勺子浇制竹浆板。此后还要用木辊推压平整。取下木框，再放上竹篾垫，浇制浆板，如此反复，最后用木榨将水榨去。照片一旁还斜靠着榨好的竹浆板。

影集中还展示了湖南益阳熟料竹纸的生产过程。湖南作为竹纸的重要产地，比较有特色的是生产贡川纸类的熟料竹纸。在《事典》中，比较详细地介绍了湖南浏阳的熟料法，恰可与此套照片相配合。而其中的 6 张照片，在 1959 年的《造纸工业》杂志上曾经发表，文章的内容，也涉及湖南浏阳的制竹浆工艺。[2] 因此，影集中标注的益阳，很有可能是浏阳之误。浏阳以生产贡纸著称，实际是经石灰纯碱二次蒸煮的贡川纸类竹纸，比较有特色的是碱蒸以后的后发酵过程。民国时期介绍湖南熟料造纸的文献中即有记载：洗去碱汁，然后移入璜桶（璜桶多窖于地下），换沸水浸之，时间愈久愈好，如不洁可再漂洗一次。[3] 在 20 世纪 50 年代《造纸工业》杂志的几篇文章中，则描述为碱煮以后的竹料，洗去碱汁，放入无底大木桶（或称座桶）中，桶径 5 尺深 5 尺，埋入土中约三分之二或桶口与地平，上盖以篾织成的斗笠形盖，主要是为了保温。隔一两日用沸水浇灌一次，助其发酵。发酵时间夏秋为十天半月，冬春须二十多天至一个多月。[4] 虽然文章附有座桶发酵的照片，但很不清晰。今在影集中得见原照，实在是意外收获。另外，使用脚踏打浆机打浆和竖式吊帘抄纸的照片，也颇有史料价值。这两种土法造纸设备，均在 20 世纪 50 年代手工造纸技术革新的热潮中出现。竖式的吊帘，至今仍可以在湖南东部的浏阳、攸县等地看到，而模仿荷兰式打浆机的脚踏打浆机，由四川夹江县创制，[5] 现在已经湮没在历史长河中了。

据王老在《事典》中介绍，1954 年他曾去福建连城进行熟料竹纸的工艺调查。影集中《福建连城熟料竹纸生产过程》也许就是调查中所摄。其中可以看到当时抄纸还处于双人抬帘抄纸与单人吊帘抄纸并存的状态。连城与江西铅山同为连史纸的两大产地，采用天然漂白工艺，是传统连史纸区别于其他竹纸的重要特点。《福建之纸》介绍竹料漂白工艺时提到连城、邵武等县对于丝坯仍加以漂白之手续："乃将晒干之丝坯，捏之为重约一两之圆块，平置于山坡或草地之上，借雨淋日晒之法，而使生漂白作用，如是四月之久，纸料益见洁白细嫩，宜于制造最上等之白料纸。俗谓漂料即指此也，如连城之高连及邵武之连史等纸均用此法以制。"[6] 这一方法，在《事典》等文献中也多有介绍，而当时日光漂白的实际场景，则只能通过本影集中的照片领略一二。

浙江富阳和四川梁平（今属重庆）至今仍在生产竹纸。影集中有两地的熟料竹纸生产照片，数量不多，却也有值得注意之处。富阳向以生产元书纸著称，竹料的淋尿、堆蓬、发酵是传统工艺的一大特色，现在已经很少采用。梁平竹纸的主要产品二元纸属毛边纸类，有生料、熟料之分，今多采用生料法。照片中反映的爌甑蒸料过程已不可见。水力洗料的场景也具有鲜明的时代特色。相似的设备，在当时的四川梁平也有创制使用。[7]

湖南的隆回也是重要竹纸产地，"滩头手工抄纸技艺"于 2014 年被列入第四批国家级非物质文化遗产名录。与梁平相似的是，当地还是传统年画的产地，生产的竹纸一部分用于年画。在用于年画制作前，还要将纸蒸过，上观音粉以改善印刷性能。另外，色纸加工被誉为"滩头三绝"之一，全盛时在以滩头镇为中心的方圆五华里之内，农闲时有百分之九十以上的人从事色纸的染刷加工活动。[8] 现在在滩头镇，还可以看到色纸的生产过程，但原料与工艺均与传统大相径庭。影集完整地保留了传统滩头染纸的生产过程。《事典》中关于传统染色纸的加工方法，恰可与此配合，书中也附有染纸的一张照片，在影集中题为"拖胶"。按照《事典》中介绍的顺序，应为原纸→蒸纸→穿纸→拖胶→补纸→裁纸→染色→干燥→染色纸成品，与影集中标注的顺序略有出入。另外，根据《事典》的介绍，色纸干燥的设备——烘炉的形制也比较有意思，可惜在影集中未有反映。

总之，这套以 20 世纪 50 年代竹纸制作过程为主的影集，系统全面地反映了当时手工竹纸制作的场景，一定程度上弥补了竹纸制作缺乏早期影像资料的不足；大多数照片未见发表，并且能够和王老《事典》中竹纸工艺的介绍相配合。能够在有生之年见到这些弥足珍贵的照片，以往一些疑惑也豁然得解，实乃一大幸事。

参考文献

1 张绍言:《江西崇仁毛边纸之制造调查与应如何改良意见》,《中农月刊》,1948年第9卷第3期,第25—27页。

2 造纸工业管理局:《我国用竹子制造手工纸的方法》,《造纸工业》,1959年第9期,第24—30页。

3 张受森:《湖南之纸》,《湖南经济》,1948年第3期,第76—88页。

4 杜时化:《手工竹浆的制造及其改进方法(续)》,《造纸工业》,1957年第7期,第26页。

 造纸工业管理局生产技术处:《手工纸的发酵制浆法》,《造纸工业》,1959年第2期,第18页。

5 中华人民共和国轻工业部造纸工业管理局编:《手工造纸技术革新与技术革命经验》,轻工业出版社,1959年,第48—51页。

6 林存和编:《福建之纸》,福建省政府统计处,1941年,第104—127页。

7 《手工造纸技术革新与技术革命经验》,第41—43页。

8 中国人民政治协商会议湖南省隆回县委员会文史资料研究委员会编:《隆回文史资料》(第4辑),中国人民政治协商会议湖南省隆回县委员会文史资料研究委员会,1989年,第43页。

竹纸

江西瑞金
生料竹纸（玉扣纸）生产过程

竹山

槽户

砍竹（右页图）

削竹

挑竹下山

料塘

腌料

剥料

榨料

踩料

双人并立抬帘抄纸

覆帘

打槽（左页图）

榨纸

分纸

烘纸

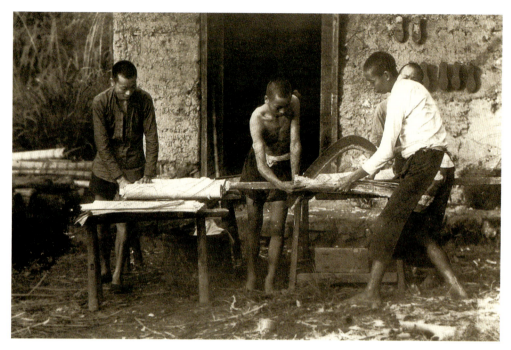

切纸

浇制竹浆板

竹纸

福建长汀
生料竹纸（玉扣纸）生产过程

削剖

剥料

挑运

踏料

抄纸

夹角子牵纸

焙纸

揭纸整理

竹纸

湖南益阳
熟料竹纸生产过程

蒸料

洗料

发酵

打浆

抄纸

榨纸

刷纸

烘纸

切纸

竹纸

福建连城
熟料竹纸生产过程

蒸料

选料

日光漂白

舂料

双人抬帘抄纸

单人吊帘抄纸

烘纸

竹纸

浙江富阳
熟料竹纸生产过程

皮镬煮料

淋尿堆蓬

水碓打浆

竹纸

四川梁平
熟料竹纸生产过程

水力洗料

熿甑蒸料（左页图）

单人抄纸

竹纸

湖南隆回
滩头染纸生产过程

蒸纸

调料

拖胶

穿纸

印制花纸

磨蜡光纸

切纸

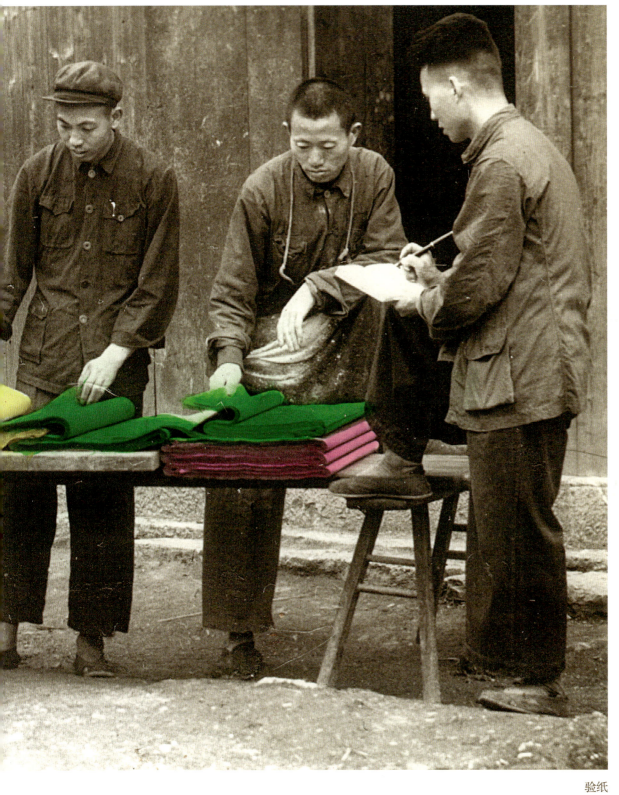

验纸

皮麻纸生产旧影解说

易晓辉

　　麻纸、皮纸都是用植物韧皮部的纤维来造纸，其特点是纤维素含量高，杂质少，比较容易制成纸浆。东汉蔡伦发明（或改良）造纸术之初，选用旧麻布、废麻头、破渔网和构树皮等皮麻纤维，正是由于这类原料比较容易造纸。

　　皮麻等韧皮纤维一般比较纯净，纤维细胞长，壁厚，结实坚韧，制成纸张晶莹洁白，具有非常好的强度、韧性以及耐久性能。从汉晋到隋唐，皮麻纸都是人们书写、绘画、印刷典籍的主要纸张。发现于敦煌莫高窟17号洞窟中的约6万件敦煌遗书，主要都是写印在经过加工的皮麻纸上。

　　皮麻纸的原料主要包括麻类的苎麻、大麻，皮类的桑皮、构皮、青檀皮、藤皮和瑞香类植物的韧皮，其中以苎麻、构皮、桑皮三种原料最为多见。从分布范围来看，麻纸多产自北方的山西、河北、陕西等地；藤皮纸、瑞香皮纸常出于南方的浙江、湖南、云南等省，桑、构皮纸则广泛分布于我国南北大部分地区，北至东北、南至云南、西至新疆、东至台湾都有桑、构皮类手工纸的生产。不同的原料、不同的产区，生产的纸张往往也有很大不同，而且各具特点。

浙江温州薄型皮纸

浙江温州地区历史上就是优质纸产区，宋代程棨在《三柳轩杂识》中认为此地出产的纸张"东南出纸处最多，此当为第一焉"。唐宋以来出产贡品"蠲纸"，《新五代史·杂传》记载："课州县出纸，号为蠲纸。"《清波别志》评价其："有发越翰墨之功……一幅纸能为古今好尚，殆与江南澄心堂纸等。"到明中期，永嘉等地的蠲纸停产，但民间一直有皮纸生产。

民国初年，浙江衢州等地引进日本的雁皮纸技术，生产高级的薄型皮纸，以满足当时对油印铁笔蜡纸原纸的需求。1949 年以后，随着蜡纸用量不断增长，温州的薄型皮纸生产也日渐兴盛，50 年代末，温州蜡纸产量达到高峰时年产量近 180 万筒。当时四大名牌铁笔蜡纸，温州的"灯塔""警钟""三角"牌蜡纸占其三。生产薄型皮纸的泰顺棉纸厂，鼎盛时有员工三千多人。

蜡纸原纸对质量要求非常高，不仅要足够薄，纸质均匀细腻无明显纤维束，还得具备非常好的韧性。一般以雁皮（俗称山棉皮）、三桠皮等纤

细柔软的韧皮纤维为原料，经过浸泡、浆石灰蒸煮后，再仔细清洗去渣，于石臼中舂捣成浆，并采用抄纸法手工抄造成纸。整个造纸过程精工细作，确保成纸质量符合蜡纸原纸的要求。

薄型皮纸的生产技术既有借鉴于日本雁皮纸的工艺，也融合了中国传统精制皮纸的生产技术。其抄纸过程根据纸张规格、工人熟练程度的不同，既有小尺寸的小帘抄纸，也有难度稍高的大帘抄纸。其中在大幅纸的抄制过程中还借鉴了日本纸的吊帘技术，让纸帘出水这一过程更加省力，仅需一人就能完成过去需要双人抬帘的大幅纸抄造。不仅减小了抄纸环节的劳动强度，也大大节省了人工，提高了抄纸效率。

迁安高丽纸

河北迁安是北方著名的手工造纸产区，据现有史料记载，迁安一带的冀东沙区适宜种桑养蚕。明代隆庆年间，抗倭名将戚继光驻守于此，重视发展种桑防沙和桑皮造纸，从山东东昌府引入种桑造桑皮纸的技术。到清代，迁安地区已经是"遍地皆桑，迁安桑皮纸久著称"。当时生产的桑皮纸品种主要为毛头纸，广泛用于书写、裱糊、包装等。

清光绪初年，迁安李家窝铺人李显廷三至朝鲜半岛考察高丽纸的生产技术，将高丽纸中的红辛纸、油衫纸制作技艺引入迁安，以当地的桑皮为原料生产红辛纸、油衫纸，带动迁安的手工造纸业繁荣发展。因其规格与高丽纸相似，外界常统称为迁安高丽纸。

与迁安传统的毛头纸不同，迁安高丽纸在制浆环节加入漂白工序，使用漂白粉提高纸浆的白度。抄纸时则使用高丽式的方形纸帘，这种纸帘与国内传统长方形纸帘区别比较明显，通常为一米见方。帘线采用马尾编连，抄成的纸张帘纹粗而明显。帘线纹的间距比较密集，类似于南方罗纹纸的帘纹，纸张整体比较厚实坚韧。

1949 年以后，受安徽宣纸蓬勃发展的影响，迁安逐渐转向书画用纸的生产。70 年代成立迁安书画纸厂，以桑皮、苇浆、纸边等原料生产仿宣书画纸。80 年代发展为北方地区代表性的书画用纸，一度有"南宣北迁"的说法。

山西临汾麻纸

山西临汾地区古时属平阳府，是北方重要的麻纸产区。出产的麻纸被称为"平阳麻纸""平阳麻笺"。宋金时期，晋南地区经济繁荣，成为北方重要的雕版印刷中心。元朝时还在平阳设立经籍所，推动了平阳刻书业的兴盛。繁荣的雕版业为平阳麻纸提供了广阔的市场，金元以来的"平水本"古籍大量采用平阳的白麻纸刷印。因质量优异，平阳麻纸在历史上曾作为"贡纸"进贡朝廷，盛时每年达数百万张。时至今日，在临汾市襄汾县邓庄镇、贾得乡等地仍保留有多家传统的麻纸作坊。

传统的临汾麻纸主要以废麻头、麻绳、旧麻布等废旧的麻制品为原料造纸。将收集到的废麻料拆散后浸水发酵，再剁成小节，浆石灰蒸过后，

用石碾碾成纸浆，以抄纸法抄成湿纸，压榨后逐张揭开，贴在房屋的白灰墙上自然晒干。80 年代后，由于废旧麻料来源受限，一些纸坊逐渐改用生麻料造纸，并添加短纤维原料以提升纸张的书画性能。

在生产工艺环节，临汾麻纸碾料所用的环形石碾独具特色，过去以牲畜拉动，现多改为电机驱动，碾麻时注入清水不断冲洗，兼具洗料功能。纸槽过去是北方常见的地坑式，纵深大，由竹篱分隔为两个区，远侧储存麻浆，近侧麻浆较稀，为抄纸区。抄纸时不加纸药，纸帘两次入水成型。晒纸亦逐渐改为蒸汽铁焙，以提高生产效率。

皮麻纸

浙江温州

薄型皮纸抄造

小帘抄纸

大帘抄纸

日本式吊帘

皮麻纸

河北迁安
高丽纸抄纸帘

朝鲜式抄纸帘

皮麻纸

山西临汾
麻纸生产过程

碾料

抄纸

覆帘

晒纸

编织抄纸帘

第三章

宣　纸

安徽泾县宣纸生产旧影解说

黄飞松

2021 年 8 月，江阴陈介甫先生发来一组宣纸生产老照片，是王诗文老师早期调研所得的照片，准备将其重新整理后出版成书，以纪念王诗文这位造纸学界的先辈。在出版之前，想约我写段文字，谈谈宣纸。

我接到这一任务后，想到有幸认识王诗文老师的这段经历，加上多年来，我一直热衷于宣纸、手工纸的调查等，想借此机会多写一些，一是纪念王诗文老师，二是这些图片确实为我解开了不少疑惑。说到与王诗文老师认识，其中还有一件趣事。约在 2005 年，我那时在宣纸集团办公室工作，一天正巧接到省文联一人打来的电话，对方自称是《清明》杂志社的温小龙，他要求买一本我们最新装订的《宣纸样本》。对于《清明》杂志我倒是不陌生，在 20 世纪 90 年代就向该杂志投过稿，也认识编辑部几位编辑，其中就有温小龙的父亲温文松（笔名：温松）。对于温小龙却不怎么熟悉，基于一种情结，我当即回复他过几天要去合肥出差，届时送几本《宣纸样本》给他。后来，温小龙自然成了朋友。2014 年，拙作《走走停停》出版后，我送了一本给温小龙，当他看见其中有一篇专门写王诗文的小文，便笑着告诉我说王诗文是他姨父，当时的《宣纸样本》就是帮他姨父求购的。

　　而我与王诗文老师的相识也有一定的戏剧性。大约在2010年，我在泾县一位前辈处看见王诗文老师大作《中国传统手工纸事典》，立即向他索要了地址，写信给王诗文老师求购。没想到一个月不到，我就收到王诗文老师亲笔签名的赠书。随后，我每年都向他寄我们企业自制的宣纸贺年卡。在企业自制贺年卡活动停止后，我便再也没寄过了，只是偶尔打电话问候一下。现在想来真是不该，尽管在邮局买的贺卡不如自制的精美，至少也能表达一个晚辈对长辈的新年问候。又过了几年，我听说王诗文老师已仙去，想到停止了几年的贺卡拜年的遗憾，今后再也没弥补的机会了，心中不禁愧疚。2012年我去云南出差时，专程登门拜访，这也是唯一见到王诗文老师真容的一次。当时，他腰伤行动不便，加上他夫人也卧病在床，我不敢过多停留，未及问起他当年来泾县调查的内容与时间。印象最为深刻的是他书桌上有我写的一本

书，他介绍是从网上买的。

这批宣纸生产照片有 19 张，包含了厂容厂貌、宣纸的原料、传统制浆、捞纸、晒纸、检验、包装等内容，这应该是宣纸发展史上较早用镜头完整记录宣纸工艺的组图了。

宣纸发展史上，有不少以文字方式记录，只是对工艺的描述一直到晚清才有。根据现有的史料分析，宣纸是中国古代造纸术流传至皖南地区、注入地方元素诞生的特色纸种。最早记载宣纸的文献是唐代书画理论家张彦远所著的《历代名画记》"好事家宜置宣纸百幅，用法蜡之，以备摹写"。宣纸因品质出众，一度成为朝廷的专供纸，泾县也因此有可能是当时的造纸重镇。据《[嘉靖]泾县志》记载"巡按衙门岁解纸张俱出自泾县宣阳都槽户制造，差官领解"，加上《[嘉靖]宁国府志》也有"解纸"的信息，说明当时的宣纸由朝廷拨付银两购买，由巡按衙门直接提调解送。《[乾隆]泾县志》上记载，宣纸由内差购买，布政司解送。宣纸因此不同于一般的手工纸而凸显出非凡的历史地位，形成了"宣纸始于唐，盛于明清，产于泾县"之说。除了上述的文献外，还有《续资治通鉴长编》《历代诗话》等直接称"宣纸"的史料及《万历野获编》《长物志》等称其"泾县纸"等。

从泾县及宁国旧志中不难看出，泾县尽管在古代成为朝廷的造纸重镇，宣纸被朝廷直接提调，却从国家或政府层面上没有宣纸工艺或从业者的记载或描述。1885 年，井上陈政受日本大藏省印刷局派遣，采取非正常手段对我国东南地区造纸技术进行了较为系统的调查，便有了《安徽宁国府泾县产宣纸制造法》一文，这应是宣纸工艺最早的调研文章，可惜的是这份调查报告居然不是出自中国人之手！20 世纪初，泾县县令李耐庵于1908 年撰写了《皖南造纸情形略》，其中有宣纸工艺描述，是迄今为止中国人撰写宣纸最早的调查报告。在 1949 年以前，除井上陈政、李耐庵的调查报告之外，尚有 1906 年日本内山弥左卫门的《宣纸的制造》，1924 年胡朴安的《宣纸说》，1936 年魏兆淇的《宣纸制造工业之调查》，1937 年张永惠的《安徽宣纸工业之综述》，1940 年徐蔚南《宣纸浅谈》等。这些调查报告的形成过程中，可能受当时条件限制，留存的图像资料较少。但无论如何，这些文字材料的流传，为近现代宣纸工艺研究留下了珍贵的历史文献。

通过对王诗文老师这组照片的解读，也解开了我心中许多谜团。

第一个谜团，是我根据宣纸艺人周乃空回忆，他于1954年泾县水灾过后从空军地勤兵转业分配至泾县宣纸厂工务股，报到没多久就迎来手持轻工业部介绍信的考察团，厂部便委派他陪同。据周乃空说，一是他不会忘记自己的分配时间。二是1954年是泾县历史上最大的一次洪涝灾害。据笔者查阅《泾县志》，那年5—7月连续下雨，降雨量达1255.6毫米，占正常年份平均降雨量83.7%，造成县城河段水位达34.63米，全县因降雨或水灾受损的房屋1000多间，直接冲毁的房屋270多间。周乃空是那年大水过后被分配至泾县宣纸厂，应是那年8月份以后。三是当时的宣纸工人绝大多数说的是当地土语，极难与远道而来的考察团交流。尽管周乃空初来乍到，说的是桐庐话（周是浙江桐庐人），相比当地人所操持的语言要好懂得多，基本能与考察团成员交流，厂方派他陪同也是经过权衡的。同时，对于初到地方工作的周乃空而言，接待北京来人自然印象深刻。遗憾的是我与周乃空熟识并正式对他访谈时，他已年过八旬，很难还原出当时有哪些人来调查、哪些人拍过照片了。

第二个谜团，约在1953年初，画家齐白石写信给周总理，大意是市场上买不到好宣纸，请求从国家层面上考虑书画艺术家对好纸的渴求。周总理将此信批转给了轻工业部，轻工业部就有了委派造纸专家考察宣纸的计划。并且，此批件也被转给荣宝斋。荣宝斋非常重视，由经理侯恺亲自带着业务员田宜生到泾县实地考察，得知皖南泾县宣纸联营处（1949年后第一个宣纸生产经营单位，现中国宣纸股份有限公司前身）财力薄弱，无力加工原料，使用的是1949年前加工的宣纸原料，不仅宣纸产量提不上去，质量也极不稳定。在侯恺经理的促成下，安徽省财政厅于1954年2月拨款给泾县，专门用于扶持宣纸生产。于是，纯私有股份制的泾县宣纸

联营处用不到一个月的时间完成了总部及四个生产点的资产清算，顺利完成了公私合营，泾县人民政府于3月中旬派任公方厂长。公私合营后将四个生产点进行了合并，形成两个生产部，归新成立的工务股管理。此外，泾县宣纸厂还有人秘、财务、供销（业务）等共四个股室。为考虑物资中转和通信方便，总部仍设在县城。两个生产部分别在泾县的东西两个山区的乌溪、小岭。当年，地处山区的生产点直接受水患影响不大，但总部及运输道路还是受到不少损失。轻工业部估计也是经过调查，认为泾县宣纸厂生产稳定后派员调查，能较为准确地把握宣纸生产的真实性。

　　第三个谜团，根据这组图片上工人着装也可判断出季节性。如剥青檀皮、拣选皮料、双人抬帘捞纸等图显示，工人着装较多。而宣纸原料——青檀皮及旁边的人在砍青檀枝条，加上剥青檀皮图，这就更能显示出季节了。青檀枝的最佳砍伐季节为当年"霜降"（10月下旬）到次年"惊蛰"

（3月初），只有枝条砍伐、蒸煮后方能剥皮。石灰浸渍稻草图，也有明显的季节性，这样的工序在秋季出现比较普遍与正常，并且根据图片显示，应是晴天，在强度较高的作业中，衣服穿得少也较正常。其中，洗料因重体力劳动，衣服自然穿得少；焙笼烘纸这张图，因烘纸依靠纸焙，纸焙是一道矮墙，中间烧火加温，将纸贴上去后烘干，室内温度高，夏季操作都是短裤光膀，图中操作工穿了上衣，说明时令已到深秋。前一组图片王诗文老师标了序号，后一组图没有标序号，根据工人着装，气温应该更高一些。根据王菊华老师主编的《中国古代造纸工程技术史》（山西教育出版社，2006年）第九章《保留至今的中国传统造纸技术》（王诗文老师编写）中的记述，明确写到他于1953年和1955年两次到泾县小岭和乌溪调研。由此，便不难看出，前一组照片是秋季拍摄，后一组照片应是夏季或初秋。他于1953年到泾县调研时，应是受齐白石写信的影响，比荣宝斋经理侯恺更早一些到泾县。据这个时间跨度及周乃空的回忆，那几年到泾县调研的人应该不少，除了王诗文老师外，应该还有陈彭年、孙宝明、喻凯、谢荫林、胡玉熹、姜世襄、陈志蔚、吕江等。其中，除了造纸专家外，还有新闻工作者。

第四个谜团，是这组照片中有两幅曾在1959年《人民画报》上刊载过。并且，我在调研过程中，也曾收集到一些老照片，有的照片与陈介甫提供王诗文老师的照片重合，有的差异性不大。而我向提供给我照片的人打听，他们手中的照片来源，有的说是自己拍摄，有的说是别人给的。从这批照片分析，我觉得是调查的专家提供给当时的陪同人员或照片中主人公的可能性更大。无论如何，这批照片的珍贵程度也可见一斑了。

黄飞松与王诗文先生合影
中科院昆明植物所杨建昆摄于王诗文家中　2012年7月22日下午

宣
纸

安徽泾县
宣纸生产过程

泾县宣纸厂

宣纸原料——青檀皮

剥青檀皮

石灰浸渍稻草

洗料

拣选皮料

双人抬帘抄纸

焙笼烘纸

青檀树

蒸料

日光漂白

选皮

鞭抖草料

洗料

水碓舂料

打槽

抄纸

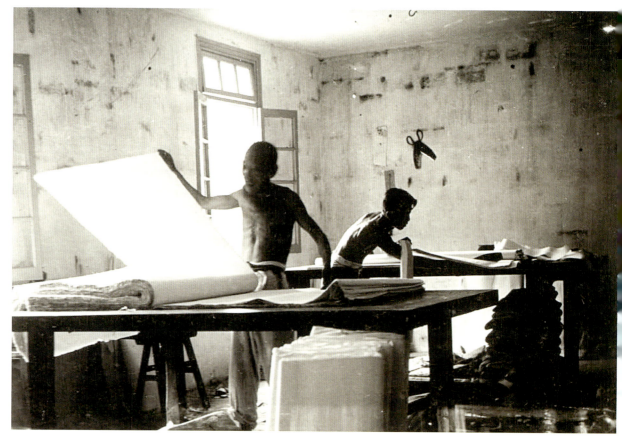

选纸切纸

包装打件

云南腾冲宣纸生产旧影解说

苏俊杰

地处西南边陲的云南省，是我国手工造纸技艺多样化的活态宝库，省内各地分布有汉族、白族、傣族、彝族等多民族手工造纸技艺。当地造纸原料多以皮料为主，纸张广泛应用于生活的各个方面。在王诗文先生的手工造纸工艺影集中，有一套名为《云南腾冲宣纸生产过程照片》，形象地记录了腾冲宣纸曾经的辉煌历史。

古代云南和中原的文化技术交流主要依靠西南丝绸之路的多条马帮驿道。因此，处在滇西南古道上的腾冲界头乡、曲石乡和县城观音塘村属于一个造纸源流下的技术遗存，都是中原造纸技术发达地区——比如江西、四川的汉族抄纸技术随人员流动而保存在文化线路上的"活化石"。《[民国]腾冲县志稿》记载："清初，江西人到腾制造白纸，小西人（指小西观音塘人）学得此艺。"

腾冲宣纸产于腾冲县城西北的观音塘社区玉泉小区。早年观音塘是个村子，据资料显示，此地的手工造纸已有五百多年的历史。明清时期，曾经造厚纸壳底，用以作"朝靴"鞋底，以后逐步生产棉纸（构皮纸）。在当地，多数农家的主业是农业，手工造纸只是家庭副业。1949年，全村

120 户中，抄纸的有 85 户。当时的手工纸除了销售本县城外，还运往省内梁河、盈江、莲山、陇川、瑞丽、保山、昆明以至国外缅甸等地销售。1954 年 4 月，当地组成造纸生产小组，以生产小白纸、双联纸为主。1954 年 12 月，成立腾冲县观音塘造纸生产合作社。1958 年，叠水河私营造纸厂、观音塘造纸合作社全部并入地方国营造纸厂，由县工交局领导。1962 年再次扩厂，以生产白绵纸为主。

1973 年，观音塘开始仿造安徽宣纸，曾先后派出两批人到安徽泾县宣纸厂取经求教。参观回来后，利用本地特产"柳构"（滇结香皮）、竹麻等原料，结合传统工艺进行改进提高，终于试制成功"腾冲宣纸"。其质地白净、细腻，柔韧性强、吸水性能好，投放市场后受到书画家们的好评。1978 年，再次进行生产改进，共定了 46 道工序流程。在制构浆方面，恢复了石灰蒸煮，浅水日光自然漂白，然后再加纯碱蒸煮，由两级蒸煮升为三级蒸煮。经过一系列改革、整顿，质量、数量均有改进和提高，1983 年注册为"雪花"牌宣纸，纸产量达到 672 吨。仅次于安徽宣纸，成为云南的独特产品，又名为"云宣"。出口外销地也遍及日本、澳大利亚、德国、朝鲜和东南亚等国家。

笔者于 2006 年 8 月对观音塘现存的手工纸制造技艺进行了考察，当时只有唯一一家私人手工造纸作坊在生产，作坊名腾冲县玉泉宣纸厂，主人名叫段培广，父亲段林茂曾是腾冲县宣纸厂 1954—1978 年理事副主任、副厂长。据段师傅自称他们家人自 600 多年前从南京来到腾冲后就一直从事手工造纸。90 年代中期之前，段家的宣纸作坊还在生产宣纸，后来由于人工、技术、市场和原料的关系，只生产质量欠佳的"小白纸"（或叫小白绵纸）。

这里根据考察结果，结合文献，对《云南腾冲宣纸生产过程照片》作一解说。

首先是关于腾冲宣纸的原料，不少文献上均说为构皮，或者是柳构皮，或是注明为瑞香皮。实际上，腾冲宣纸的主要原料，当地称为柳构皮

的，为瑞香科植物滇结香的韧皮，产自附近高黎贡山脉，由当地人砍伐、剥皮、晾晒、捆扎成束后贩运到腾冲县城。如果当年用作造纸原料，则宣纸厂将该粗皮料委托专人在县城中先做粗加工，挑拣适宜的皮料，剔出老皮、黑皮和杂质，之后将其收购入厂准备做造纸原料。根据对现有纸样的纤维分析，腾冲宣纸为滇结香皮和稻草混料纸。

照片1表现的是石灰浸渍稻草，随后即是照片2的常压分级蒸煮。一般而言，是采用石灰和纯碱的二级蒸煮。笔者所见的小白纸皮料的蒸煮方法是将石灰水浸泡好的构皮原料饼层层叠叠地堆放在一口椭圆形的水泥质蒸锅中，装紧压实，并且由人工进行脚踏踩压约15分钟，保证内部原料堆放严实。大约一锅一次可以装下120公斤皮料。随后，倒入之前浸泡过皮料的黄褐色石灰水约12桶。装好料的蒸锅用麻布将边沿包裹严实，再盖上厚重的木板，板上压4—5块大石头，保证不能让蒸锅漏气，以免影响构皮蒸煮的效果。在蒸锅下面有火灶，用附近山上砍的木柴作燃料蒸一天一夜。

据《云南省造纸工业史》记载，腾冲宣纸厂还利用热水塘特有的地热资源，利用地热水中的碱性物质代替石灰、纯碱和烧碱作为蒸煮剂，以温度达 66℃的地热水作为热源。将原料投入钢板制的蒸煮甑，引入地热水，经过 24 小时即煮成熟料。

照片 3 的洗料环节，据当地人回忆，是把蒸煮车间蒸煮好的造纸原料，放入一个两端通水的长方形水池里。长方形的水池前端有一条用石头砌起的沟。在水池的上下端各有一个闸门，两边的闸门与水沟相通。水池底垫着竹篱笆。先把一边的闸门放下，把拉来的原料倒进池子里，用两齿钉耙把原料摊开。接着，把另一边的闸门放下，把前端的闸门抽起，水沟里的水便从闸口涌进池子里。等水池里的水淹过原料后，便不断用竹竿去搅池子里的原料，搅得差不多了，将池子里变成酱油色的一池水放掉。如此往复，每洗好一池原料，往往要换三四次水。

原料清洗过后，便进入漂白环节，腾冲宣纸有传统的浅水日光自然漂白法，也曾经学习安徽宣纸的漂白方法，建造了 8000 平方米的日光漂白摊料场，蒸煮洗净后的草料经过日晒夜露逐渐变白，达到书画用纸长期不变色的要求。

笔者调查时，皮料漂白已经放弃历史上的"浅水日光自然漂白"法，而是直接采用市场上出售的消毒用漂白粉来做化学漂白剂。使用时，将漂白剂溶入方形的漂白水池中，放入皮料充分浸泡漂白约 1 小时，然后捞出待用。照片 4 所展现的漂白工序，似乎是一种漂白剂漂白皮料的方法。漂洗后的原料还要手工进行选料。主要是挑拣出黑皮、腐皮等杂质，有时还要进行第二次细选料。

腾冲宣纸厂所用的打浆设备为自制的电动碓或称锤料机，照片 5 即为使用电动碓打浆的场景，与今日在中国宣纸文化园所见到的电动碓打浆基本一致。笔者调查所见的是使用打浆机，由当地柴油机厂出品，主体是一个椭圆形的水泥质打浆槽，一侧有一台打浆机器，十多分钟就能完成一缸。打浆池中打好的纸浆引入到选浆池中进行选浆。使用锥形除砂器，利用离心机的原理，可以将一缸纸浆吸出进行机械分离，含有杂质、泥沙等的粗糙纸浆将会沉在底部，经由导管流出作为废料，而中上层分布的较好纸浆就可以进入漂洗步骤。

在以往生产小白纸时，主要使用手端帘抄造，现在则使用吊帘，由一人操作，生产的纸张尺幅较小。照片6所展现的双人抬帘应学自安徽宣纸的抄造工具，主要生产的是四尺和六尺宣纸。照片中可以看到，比较有特色的是在抬帘两端，各设有两个把手，便于手握操作。纸药则是使用当地传统的仙人掌的汁液。照片7反映的是湿纸在纸帘上形成以后，覆帘转移湿纸的过程，与安徽宣纸相同。

随后依笔者所见，是将一天抄造的小白绵纸约500—600张摞在木架子上，用木质横杆压住进行榨水。过去是依靠人力用木棒和麻绳绞紧进行压榨，费时费力。现在是依靠螺杆对木杆加压进行压榨，能在数十分钟之内将纸榨好。这套照片中，未见榨纸的环节。

关于纸张的干燥，笔者所见的烘纸房中是一堵砖砌的中空长墙，约6米长，1.5米高，横截面呈等腰三角形，表面贴有钢板。焙墙一头是火灶，里面烧柴，利用产生的热空气加热钢板将纸焙干。把压榨好并风干的纸板移至烘纸房旁边。在纸板表面洒水，使之处于半干状态，然后揭取下来，逐张刷贴到钢板焙墙上，一面墙贴8张。不到1分钟就能将一张湿纸焙干，然后揭取下来。照片8即展现了这一场景。这套照片中，第9张还展现了传统的土墙烘纸的场景。

最后是裁纸环节，在传统绵纸的制造中，一般不裁边，保持毛边状态，而笔者所见，将焙好的纸揭取下来以后，平铺到旁边的木板上剪裁毛边，成为成品。与照片10中见到的裁边场面比较接近。由此可见，笔者调研时，宣纸厂虽然已经不再生产宣纸了，但在一些设备和处理方面，如锥形除砂器的使用、纸张的裁边等方面，还保留有宣纸生产的影子。

在段家宣纸厂考察的时候，笔者还看到了段师傅1978年、1986年、1998年生产的几种具有代表性的宣纸，无论是质地、色泽还是手感，都明显在目前抄造的小白绵纸之上。因此，依照片中所展现的方法制造的腾冲宣纸，由于是在原有白绵纸工艺基础上，加入稻草、竹纤维而成，是一种在纸张质地上与安徽宣纸相近，而又带有一些自身特色的云南特有的仿宣纸。现今在腾冲，还可以看到"腾冲宣纸"销售，则主要是产自界头镇，使用纯滇结香为原料，在质地上基本属于皮纸范畴。传统腾冲宣纸制作技艺的巨大变迁，无论对于传统纸张材料还是手工造纸类非物质文化遗产来说，都是一件遗憾的事。

（复旦大学陈刚教授对本文亦有贡献，特此感谢！）

参考文献

1　腾冲县轻手工业志编纂办公室编：《云南地方志丛书》之《腾冲县轻手工业志》，腾冲县二轻工业局，1989年6月。

2　云南省博物馆、云南文化遗产研究中心：《湄公河区域国家手工造纸国际学术研讨会论文集》，2005年9月。

3　李晓岑、朱霞：《云南民族民间工艺技术》，中国书籍出版社，2005年4月。

4　李晓岑、朱霞：《云南少数民族手工造纸》，云南美术出版社，1995年5月。

5　王诗文：《中国传统手工纸事典》，台湾财团法人树火纪念纸文化基金会，2001年10月。

6　朱霞、李晓岑：《云南少数民族造纸技术的调查和研究》，《民族研究》，1999年第1期，第49—62页。

7　云南省造纸学会：《云南省造纸工业史》，2002年8月。

8　朱红林：《微痕淡影》，云南人民出版社，2014年8月。

9　［日］酒井忠雄：《云南宣纸探访记》，《百万塔》第87号，1994年，第44—50页。

宣纸

云南腾冲
宣纸生产过程

石灰浸渍稻草

常压分级蒸煮

洗料

漂白

电动碓打浆

双人抬帘抄纸

覆帘堆湿纸

钢板焙笼烘纸

土墙焙笼烘纸

选纸数纸

第四章

全国手工纸技术经验交流会（一九五七年九月）

九月份在杭州召开了
全国第一次手工纸生产技术經驗交流会

今年9月9—16日，輕工業部和全国手工業联社联合在杭州市召开了"全国第一次手工紙生产技术經驗交流会"。参加这次会議的代表有115人，代表着14个省、26个产手工紙的重点县的生产部門和供銷社。像这样全国性的手工纸生产会議，在我国历史上还是第一次。

造紙术是我国劳动人民远在一千八百多年前首先發明的，但是，由于过去封建王朝和国民党反动派的統治，我国造紙業向前進展很慢，並远远落后于世界水平。解放以后，在党和政府的正确領导下，不但机制紙有了飞躍的發展，就是手工紙也有了很大的提高。手工紙的生产方法和生产工具有了很多的改進，並在利用多种草类纖維和韌皮纖維制造高級工業用紙、文化用紙和衛生紙方面取得了很多的經驗。这次会議是根据去年国务院对长沙手工紙会議提出的"在相当长的一个时期內，採取积極恢复發展，充分利用原有設备，因地制宜，逐步改造"指示的精神，交流和討論了有关增加产量、提高質量、降低成本、提高技术和改善劳动条件的經驗，並肯定了几个行之有效的重要經驗。如：1.利用多种草类原料（特别是利用稻草）代替竹子制造文化紙，这样，就可以扩大手工纸的原料资源，对解决竹子供应困难的問題也将起到很大的作用。2.採用吊帘抄紙，以增加产量、提高質量、降低成本和改善劳动条件。3.利用水力进行打浆和調浆，这不仅能解决採用吊帘后产生的打浆与抄紙不平衡的問題，对提高打浆質量和改善打浆的劳动条件也是有利的。 　　　　　　　　（姜世襄）

摘自《造纸工业》，1957年第11期，第34页

第一次全国手工纸生产技术经验交流会议总结报告

一、会议基本情况

第一次全国性的手工纸生产技术经验交流会议到今天为止，一共开了六天半，现在就要结束了，这次会议参加的有十四个省，共 115 个代表，来自工业、手工业、供销社、农业等四个方面。其中有土纸厂的代表 26 人，手工业生产合作社的代表 36 人、供销合作社的代表 21 人、机关与基层脱产干部的代表 32 人。从经济类型分有地方国营、公私合营、手工业生产合作社、农业生产合作社（副业）以及供销合作社的土纸厂。因此说这次会议的代表比较广泛，比较全面。从代表的职务来看，工人 10 人，厂长 7 人，合作社主任 19 人，生产股长、车间主任、技术推广站站长共 7 人，技术员 16 人、工程师 3 人，经理、乡长、科长等 7 人，一般干部 46 人。这就说明了大部分代表是直接参加生产与直接管理生产懂得技术的工人与干部。因此使会议在内行遇内行互相不生疏的情况下，能够热烈地交流技术经验。代表们带来的资料共六十二份，其中关于使用代用原料的经验 36 份；关于利用水力打浆的经验 5 份；关于吊帘操作技术的经验 7 份；其他 14 份。各省代表带来了各种原料的样品 78 份，各种浆、纸的样品 248 份。浙江、江西、福建、四川等省的代表还带来了利用水力打浆与吊帘的模型和图片，这些更生动具体地说明了技术经验，便于代表们观摩比较，丰富了这次会议的内容。浙江、福建、四川的代表事先还准备了吊帘操作的工具。上述情况说明了各省有关方面对这次会议是十分重视的。事先作了充分准备，这就是这次会议所以能有收获提供了有利的物资条件。

会议经过三天的大会经验交流和操作表演，共介绍了 24 份技术经验，其中使用代用原料的经验 16 份（稻草 11 份、笋壳 3 份，玉米秆 2 份）；利用水力打浆的经验 3 份；吊帘操作的技术经验的介绍与表演 5 种。会议因限于时间虽然不能把代表们所带来的经验在大会上一一介绍，但上述这些经验的介绍已引起了到会代表的集中注意，在两天半的分组讨论中热烈地展开了讨论，不仅将未能在大会上介绍的经验，在小组会上作了介绍，并对某些经验的看法引起了激烈的争论。各地代表对吊帘操作表演特别重视，会议期间挤出半天时间组织代表们参观了华丰造纸厂和益民皮纸厂；会议把各省交来的原料、产品、模型、图片组成了一个小型的陈列室，数量虽然不多，布置极为简单，但代表们对这些实物反复细看，相互比较，对学习先进经验更生动具体地得到启发。

这次会议得到了浙江省有关部门的领导重视和关怀，省手工业管理局李茂生局长专向代表们讲了话，工业厅朱坦庄工程师给会议做了水力利用的报告，工业厅、手工业管理局、供销合作社以及华丰造纸厂调派干部协助会议的各项工作，对这次会议的召开有很大的帮助。

总之这次会议在有关部门的重视和关心下，事先做了准备，会上又认真地进行了经验介绍和热烈的讨论，因此获得了很多成绩，但由于全国性的手工纸经验交流会还是第一次，缺乏经验所以缺点也不少。

二、主要收获和缺点

这次会议的主要收获是：

1. 思想上的收获：首先通过经验交流得到互相启发，使与会代表受了一次生动具体的思想教育，对克服手工业者保守落后的思想有着很重要的意义，会议期间代表们的情绪始终是精神饱满，有什么技术经验积极地毫不保守地介绍给别人；学习别人经验更形积极认真，唯恐学不到东西，形成了互相学习的热潮，如代表们听了经验、比比纸样、看看吊帘表演学习操作方法、画下图案、扯了纸样（陈列室的纸样撕了是不对的）、会后个别访问互相交谈、并互相约定会后派人去实地学习等等。这为进一步提高手工纸生产技术，达到增加产量提高质量，降低成本，改善劳动条件，开始打下了良好的思想基础。

其次在明确了对手工纸技术改造的思想认识，通过经验交流，比较一致地认为手工纸的技术改造，必须从原有设备的基础上出发，各地的先进经验经过研究，结合实际情况，逐步地加以改进，求得在原有基础上提高一步。会议认为手工纸生产一般地都散布在山区和农村，有许多客观条件的限制不可能设想把原有设备废弃，另来一套新的机械化设备，不仅资金困难而设备供应交通条件、技术力量、工业协作等都将得不到解决，因此会议认为这次介绍的经验如利用原有蒸煮设备，改进操作方法与技术条件，略加改进就能更好地使用代用品；利用原有漂塘略加改进，提高洗涤效能；利用水力打浆，制作木制的旋浆式水轮机为动力；制作木石制造的水碓、水碾和打浆机；改手端帘为吊帘等等的经验，不仅花钱很少又容易办到并能够充分利用农村山区的资源和原有设备，同样可以达到增加产量，提高质量，降低成本，改善劳动条件的目的这完全符合于"因地制宜逐步改造"的方针。会议同时认为有条件的地区，逐步地改造为机械化也是可以的，但必须慎重考虑，否则会造成很大困难和损失。

通过这次会议在思想认识上的提高，它将推动今后手工业造纸的积极发展，所以说这是一项极为重要的收获。

2. 会议一致地肯定地认为竹子原料的不足，为了解决手工造纸的原料问题，同时支援国家工业化建设需要，应该尽量多地采用代用原料，这不仅在政治上有极其重要的意义，同时在经济上来说，能降低成本，增加积累，增加社员收入。仅举江西省五七年的例子，一万五千吨毛边纸配用 50% 的稻草代替嫩竹料，就能节约出嫩竹材 67,500 吨，而成本比用 100% 竹料毛边纸降低了一百零两万五千元。代用品的经验效果不仅是使用稻草同样可以使用价格低廉的笋壳、玉米秆、麦秆、芦草、茅草等等做手工纸的各种代用原料。这就要贯彻因地制宜地采用当地既贱又多的代用料为主，这就不限于稻草代用。因为有的地区稻草少、价格高，因此就应采用更经济的原料代用。

另外会议对使用代用原料虽然着重地研究了配用在文化用纸的稻草代用料但同时研究了对一向使用竹料制造卫生纸和迷信纸包装纸的同样问题，为什么这次会议只着重交流文化纸的代用料的经验问题，主要是文化纸代用料的制浆方法比较复杂。如果解决这方面问题，卫生纸包装纸迷信纸就容易解决了，但不能忽视卫生纸包装纸迷信纸使用代用料的问题，必须强调地提出：卫生纸包装纸迷信纸使用代用原料有着更重要的意义，这些品种占手工纸年产量的 60% ～ 70%，而且在这些品种的生产中配用代用原料比文化纸更加容易，既省竹料又可降低成本所以应当重视，在实际生产中各地都已经有了很多的经验虽然这次会议没有作具体的介绍，但各省从文化纸使用代用品的经验中取其可以用于卫生纸包装纸迷信纸的技术经验加以推广。因为这样做有更大的作用如湖北咸宁利用以茅草制造迷信纸每担纸的成本只三元，出售价是十五元，既省了竹子又大大地增加了社员收入，所以在卫生纸包装纸迷信纸上更需要大大提倡使用代用原料。

为此对使用代用原料，从思想上一致地明确肯定起来这是会议的第二个收获。

3. 通过了经验交流会比较系统地对手工纸制造工序进行了分析，在制浆方面对五种熟料法逐个地进行了优缺点的分析明确了：（1）灰沤比灰堆好，灰煮也行；（2）碱煮比碱蒸好；（3）水浸发酵和稀碱浸渍的方法可以节省用碱量，提高质量；（4）肯定了蒸锅内药液循环装置的经验，对两种生料法也作了优缺点分析，同样肯定灰沤比灰堆好。在洗涤方面一致地认为必须把已蒸解的非纤维洗净，洗涤方法上肯定了利用漂塘安装假底、分次间歇洗涤的经验，同时也肯定了蒸煮趁热洗涤的经验。在打浆方面，明确了水碓比脚碓好，在抄纸上分析了六种吊帘操作经验的优缺点。根据产品品种、质量，使用的原料和操作等方面各有优缺点，如制造薄纸，福建连城上堡手工纸生产合作社的吊帘好，但两边的帘尺尚需改进；制造一般文化纸和卫生纸，浙江孝丰土纸厂的吊帘较好，但动作不灵活需要改进；制造一般文化纸与皮纸，杭州益民皮纸厂的吊帘较好，纸张需要横浪直浪的是四川夹江的吊帘较宜。

每个经验经过分析后使与会代表有了明确的认识，便于回去后根据实际情况进行选择采用时作为参考。这些比较性的先进经验的明确与肯定是这次会议的第三个重要收获。

以上是大会的主要收获，但也存在不少缺点，主要的有：

1. 这次会议虽然是抓住了重点问题，但对使用代用原料有同样重要意义的生料制浆法的经验介绍不多。因为生料法不仅可以制造卫生纸与迷信纸包装纸。它同样可以制造较高级的文化纸。如福建的玉扣纸、江西毛边纸，同时着重地介绍了稻草制浆，而对其他代用料制浆的经验介绍不多，讨论不足，以致有些不适宜用稻草作代用料的地区感到不能满足。

2. 会议事先估计不足，原计划 70 人的会议，而到 115 人，以致资料份数不够，又加各省代表带来的资料，一时来不及印发，以致来自各省的代表因方言不懂，这对经验介绍的效果上有所影响。

3. 会议议程的安排上显得太紧了些，特别是分组讨论时间和吊帘表演后的时间显得不足，以致未能使每个代表有更多时间来发表自己的意见。

三、如何贯彻

1. 学习方法必须从实际出发，对别人的经验首先应有全面的认识，学习中领会它先进的实质、方法，然后因地制宜地运用到实际生产中去，这是要经过消化的，就决不能生搬硬套，否则就会出问题的。但也不要因此而强调别人经验的客观条件，而否定别人经验的先进性，就是以为没有什么，不想去学习别人经验。而要自己去搞一套，这不仅学不到经验，而是会走更多的弯路，为此只有更虚心认真地去学习别人的先进经验，并真正地理解这些先进经验，结合实际情况，适用到生产中去，才能创造性地发挥这些先进经验、并更丰富和提高这些经验，无论熟料法、生料法，利用水力打浆，吊帘等经验的学习都应该在实践过程中进一步地来总结提高。

2. 先进经验的推广必然会遇到一些阻力，特别分散在山区农村的广大手工业者，他们每天天还不亮就开始办料、抄纸、烘纸……一直到天黑还不肯歇工，一天劳动一般在 12 小时。最长的到 18 小时以上，终年如此，缺乏时间经常受到社会主义的教育，又加生产方法上是千百年以来就是这样造纸的，所以在思想深处存有较浓厚的保守思想是可以理解的。为此要推广先进经验，改变一些生产方法与设备，事先必须进行内心的思想教育，推广又必须是逐步地做出一些成绩来，然后再深入扩大。因此开始先做典型示范，做出样子来，再算算细账，以实际利益来逐步启发，逐步推广。如吊帘开始时可以不放大，学会了，有了效果再行放大。这样做会减少一些阻力。如果遇到挫折，应该研究其原因，帮助改正，决不灰心，先进经验的推广必须坚持。新的事物的产生必然会有斗争。这次会议上介绍了福建连城罗火旺同志创造单人吊帘的过程，很明显地说明这个问题。

3. 推行那些先进经验应做出比较长一些时期的具体规划，半年、一年都可以。有了规划就要考虑先推广什么，后推广什么，一般的应该先从薄弱环节着手。并考虑全面，如推广了吊帘提高了产量，应考虑打浆的跟上去和办料的平衡等（这样会减少被动）。

4. 这次会议的经验应该说是不够成熟的，只是从现有水平出发的，不可能完整的，有的甚至还缺乏更多的科学解释，如发酵这个问题，因此我们应该在这些经验的基础上，各位代表带回去以后，再在实践过程中研究提高，并把它进一步总结。所以今后各地有什么新的成就和新的发展或者遇到一些什么问题，希望和轻工业部、手工联社多取得联系。

现在会议胜利地闭幕了，祝各位代表回去后工作中取得新的成就。并祝代表同志们的健康！

轻工业部造纸工业管理局副局长陶厚卿

1957 年 10 月 11 日

（摘自浙江省手工业生产合作社联合社筹备委员会：

《手工纸生产技术经验汇编》，1958 年，第 1—5 页）

全国手工纸生产技术经验交流会技术总结

（一）

一九五七年九月九日到十六日，轻工业部和全国手工业联社，在浙江省杭州市，联合召开了"第一次全国手工纸生产技术经验交流会"。会议期间，经过大会介绍经验，分组讨论和技术组研究，以及组织现场参观，吊帘操作的表演和会外个别交换意见，普遍地认为我国手工纸的生产。解放以后，在共产党中央和国务院，以及各级党政机关的正确领导下，对改进生产方法，利用多种草类原料，改进生产工具，减轻劳动强度，增加产量，提高质量，降低成本，已经做出了显著成绩。而有些手工纸和生产社，由于改进了生产方法，成功地将草类纤维，配用于制造较高级的手工文化纸张中，不仅降低了成本，也缓和了竹子原料供应紧张的情况。所有这些成就，对发展再提高手工纸的生产，无疑地起到了推动作用。

随着社会主义建设高潮，社会上纸浆和纸张的供求关系，日益紧张，我国造纸工业，为适应这一客观发展要求，对手工纸的生产，就需要根据机制纸生产的不足和长纤维原料（特别是和手工纸有关的竹子资源）供应紧张的情况，以最大的努力，积极地利用多种草类原料（如稻草、茅草、玉米秆、麦秆等等）制造手工文化纸和卫生纸来满足社会需要。为完成这个任务，应从现有基础出发，根据具体条件，"因地制宜"地利用当地原料，并灵活运用已有的先进经验，改进制浆方法，改进制浆造纸和打浆工具，利用水力，来充分地挖掘生产潜力，提高劳动效率，缩短生产周期，增加产量，提高质量，降低成本。并应从生产实践，进一步总结有关这方面的行之有效的先进经验，予以交流推广，以求继续的共同提高。

会议在讨论与综合技术经验问题上，为了能够使手工纸在现有基础上共同地提高一步，注意了手工纸的生产地区不同、生产规模不同、生产品种不同等特点，从多方面用优缺点对比的方式肯定了在制浆方法和改进工具的一些较好的经验，并提出了一些作为今后努力继续研究的意见，以便各手工纸厂和生产社，能够各按不同要求，合理地选择应用这些经验的参考。

为了达到会议的预期目的，在大会核心组领导之下，组织与会的工程师、技术员和老工人，成立了技术组。在会议期间，根据上述原则，对几个重要环节，特别是对稻草制浆、利用吊帘，进行了比较系统的讨论与研究，并结合分组讨论的意见进行了补充与修正，这样就使技术组的意见和分组讨论的意见得到统一。

（二）

通过技术组和各组对这次会议所交流的一些经验，经反复的讨论与研究，获得了比较一致意见的几个主要问题，兹分述如下：

Ⅰ．稻草的分类贮存与使用

稻草的品种，因土壤、施肥和成熟收割的季节不同，稻草的质量、规格各有不同，因而在制浆过程中，要求的生产条件和药品耗量，必然不同。为了稳定制浆的质量，各手工纸厂或生产社，对稻草必须根据不同的产区，不同的收割季节，进行分别的收购，分别贮存，分别使用。同时为了节省药品耗量，对收割的新草（新收割的稻草）应堆贮3—5个月以后再行使用，以便使新草在堆存中，经空气的氧化作用，消除叶绿素（由绿变黄），并使草中的淀粉和果胶质干涸。在堆存中为防止稻草变质，除应注意稻草上堆时，含水分不宜过大（一般含水分应在20%以下）以外，并应将稻草顺着风向码堆，在草堆中要用支架（△形）码留通风洞，以便堆中通风，防止草堆中温度上升，使稻草自然变质。

Ⅱ．稻草的备料

稻草中含灰分较多，而所含的灰分有50%以上是含硅的有机物质，此项物质，如果残留在纸浆中，将影响纸浆的滤水性能和物理强度，并给抄草和焙纸工序带来许多操作上的困难。如抄纸时纸帘滤水不好，抄纸后压榨脱水时容易使湿纸压溃，焙纸时湿纸不易分张，干燥时容易破裂等等。

稻草的灰分，草叶和草节中，含量最多。同时草叶的生长组成较松，于蒸煮处理的初期，对碱液（或石灰乳液）的渗透较比草秆容易，故而耗碱量较多，到蒸煮处理的后期，则呈过热现象，经洗涤，过熟的纤维多被洗涤流失。草节的生长组织较紧，于蒸煮处理初期，对碱液（或石灰乳液）的渗透较比草秆困难，不能吸收足够的碱液，故到蒸煮处理的后期，则呈过生现象，因而这部分纤维色泽较深，很难漂白，形成纸浆中的黄色纤维束尘埃。另外草节和草穗（包括稻壳），较草秆中木质素含量高，故在同样的蒸煮条件下，对草节草穗（包括稻壳）和草叶，如不经预先处理或除去，和草秆混在一起蒸煮，不仅易使成浆质量不均匀，药品的耗用量也将提高，纤维得率低。

根据稻草的这些特性，缺少设备的手工纸厂和生产社，为制成符合手工文化纸要求的本色或漂白的良质化学浆，必须对稻草进行如下细致的备料工作：

（1）梳草：经过梳草，可以除去含灰分较多，生长组成较松的草叶和难蒸解成浆的稻壳，以及附着在草上的泥砂。经梳草的稻草制浆不仅可节省蒸煮用的药品耗量，提高粗浆的得率，并可使粗浆容易洗涤，降低漂白时的有效氯消耗，改善成浆的滤水性能和色泽。

（2）切穗除根：切除含木质素较多的草穗和难蒸解成浆的稻壳，并除去霉烂变黑部分较多的草根，可减少纸浆中的黄色或黑色的尘埃。

（3）打草：经过梳草、切穗除根的稻草，再经打草，可将草节和草秆打裂，特别是将生长组成较紧的草节打裂以后，于蒸煮初期，可使草节和草秆一样，均匀的吸收足够的碱液，到蒸煮后期，能获得生熟一致的粗浆。

因此，会议认为细致的备料工作，是稻草制浆的关键性环节之一，必须认真地进行这一工作。梳草工具可以利用人力踏动或水力带动的打稻机，切穗除根可以利用铡刀，打草可以利用畜力或水力石碾及水碓来进行各工序的工作。

另外，稻草的备料，如能组织产地的农民，在农闲时期进行，既可增加农村收入，又可将切下的草穗、草根和梳下的草叶，作为饲料、燃料和肥料。同时纸厂和生产社，还可减少运输费用，避免原料的浪费。

Ⅲ. 稻草的化学处理

根据这次会议各省市的手工纸厂和生产社提出的技术资料，对稻草的各种化学处理方法，归纳起来，大约可以分为两大类。其中一类是四种制造文化纸用的可漂白的稻草化学浆；另一类是三种制造低级文化纸和卫生纸用的较难漂白的稻草化学浆和半料浆。

1. 制造文化纸用的可漂白化学浆的处理过程有如下几种：

（1）三级处理的：常温预水解、发酵 → 弱碱（石灰乳）浸渍（又称灰沤） → 稀碱（烧碱）蒸煮

（2）二级处理的：弱碱（石灰乳）浸渍 → 稀碱（烧碱）蒸煮

弱碱（石灰乳）蒸煮 → 稀碱（烧碱）蒸煮

常温预水解、发酵 → 稀碱（烧碱）蒸煮

稀碱（利用第二级蒸煮的黑液）浸渍或蒸煮 → 稀碱（烧碱）蒸煮

2. 制造低级文化纸和卫生纸用的难漂白化学浆和半料浆的处理过程有如下几种：

（1）二级处理的：常温预水解、发酵 → 弱碱（石灰乳）浸渍

（2）一级处理的：弱碱（石灰乳）浸渍 → 弱碱（石灰乳）蒸煮

3. 稻草浆的处理条件：

会议根据四川梁平、江西铜鼓、湖南醴陵等纸厂的生产实践及造纸局和生产局提出的试验。整理出如下技术指标，供为参考：

（1）可漂白稻草化学浆法

项目 \ 分类		I	II	III	III	V	VI
风干原料		100	100	100	100	100	100
第一级	处理方法	水浸发酵	—	—	水浸发酵		
	液比（倍）	稻草全部浸水			稻草全部浸水		
	温度（℃）	常温			常温		
	碱酸值（PH）	5～11			5～11		
	时间（小时）	未定			未定		
第二级	处理方法	石灰乳浸渍	石灰乳浸渍	石灰乳蒸煮	—	稀碱浸渍（黑液）	稀碱蒸煮
	用灰量（%）	20～40	20～40	15～25	—	0.8～1.0	0.8～1.0
	液比（倍）	1:6～8	稻草全部浸水	1:6～8	—	1:10	1:10
	温度（℃）	常温	常温	100～105		50～70	100～105
	时间（小时）	未定	未定	5～10	—	48～120	3～4
第三级	处理方法	烧碱蒸煮	烧碱蒸煮	烧碱蒸煮	烧碱蒸煮	烧碱蒸煮	烧碱蒸煮
	用碱量（%）	3～5	5～7	5～7	8～10	7～8	6.0～7.0
	液比（倍）	1:6～8	1:6～8	1:6～8	1:6～8	1:6～8	1:6～8
	温度（℃）	100～105	100～105	100～105	100～105	100～105	100～105
	时间（小时）	5～20	5～20	5～20	5～20	5～20	5～7

—10—

粗浆得率(%)	45左右	55左右	55左右	55左右	55~60	55~60
细浆得率(%)	40左右	50左右	50左右	50左右	50~55	50~55
漂白 漂率(有效氯)	4以下	3.5以下	3.5以下	3以下	3以下	3以下
漂白温度(℃)	常温	常温	常温	常温	常温	常温
漂白浓度(%)	7左右	7左右	7左右	7左右	7左右	7左右
漂白时间	4~6	4~6	4~6	4~6	4~6	4~6

（2）难漂白稻草半料浆法

2. 难漂白稻草半料浆法:

项目 \ 分类		Ⅰ	Ⅱ	Ⅲ
风干原料		100	100	100
第一级处理条件	处理方法	水浸发酵	—	—
	泡比(倍)	稻草全部浸水	—	—
	温度(℃)	常温	—	—
	酸碱值(PH)	5~11	—	—
	时间(小时)	未定	—	—
第二级处理条件	处理方法	石灰乳浸渍	石灰乳蒸煮	石灰乳浸渍
	用灰量(%)	20~40	12~25	20~40
	泡比(倍)	稻草全部浸水	1:6~9	稻草全部浸水
	温度(℃)	常温	100~105	常温
	时间(小时)	未定	5~10	未定
粗浆得率%		60左右	60左右	60左右
细浆得率%		55左右	55左右	55左右

4. 对稻草浆化学处理过程中几个问题的分析：

（1）会议认为：手工制浆生产，目前采用的常温预水解、发酵的处理方法，虽然需要很长的处理时间，但能节约药品消耗。同时手工纸生产社已有了浸渍池塘，而农副业生产又不十分计较时间因素，故而有其一定的现实意义，建议采用这一处理方法历史较久的四川铜梁、夹江等手工纸厂和生产社，能够从今后的生产实践中，进一步找出预水解、发酵的适宜的温度、酸碱值（PH 值）与时间，并找出温度和酸碱值相互变化对成浆质量的影响关系，如有条件，能够测定出预水解、发酵前和预水解发酵后，分解溶出物的减少情况，则更为理想，以便交流，共同提高。

（2）会议认为：石灰乳的常温浸渍（又称灰沤）较比用石灰乳将稻草浸过以后即堆发酵（又称灰堆）的处理方法，优点较多。因为用浓度较稀的石灰乳浸渍，比较容易获得均匀的粗浆，并容易洗涤，粗浆得率也高（约高 5% ～ 10%），色泽也好。因此认为应该放弃灰堆，而采用灰沤的处理方法，有的生产社目前没有灰沤池塘，可暂时采用灰堆，但须创造条件，争取早日改用灰沤。

（3）会议认为：用石灰蒸煮稻草，可以获得和灰沤相同质量的稻草粗浆，虽然多用一些燃料，但要较比灰沤缩短很多时间，是值得采用的经验。

（4）会议认为：稻草用碱蒸的处理方法，较难获得蒸解均匀的粗浆，同时碱的消耗也多，漂率也高。故而不及用碱煮的处理方法，在同样的耗碱量条件下，碱煮蒸解得比较均匀，蒸解溶出物较多，粗浆容易洗涤与漂白。为此，建议采用碱煮。

（5）会议认为：在灰煮与碱煮过程中，为获得蒸解均匀的粗浆，四川省一些生产社所采用的蒸煮液内部循环的经验是值得推广的。

Ⅳ. 洗涤

稻草虽经过了梳草，除去了大部分含灰分较多的草叶，但蒸煮后的粗浆，仍含有大量的粘状物质（硅的有机物）和薄皮细胞，必须经过彻底的洗涤，才能较干净地除去，否则要影响细浆的滤水性能，使抄纸困难，湿纸压榨脱水易溃，湿纸分不开张，干燥易爆裂，限制草浆配比的增加。因此，会议认为加强蒸煮后的粗浆洗涤是改善草浆质量，增加草浆配比的关键。

1. 根据四川夹江的经验，于蒸煮后期放出黑液以后，往锅内淋入清水，利用锅内的余热，对清水加温，进行趁热洗涤的经验，效果很好，是值得学习采用的。

2. 根据四川梁平和夹江的经验，在洗漂塘内，安装假底（用细竹丝编织的竹网）、假帮（用竹条编织的低竹垟）对出锅以后的粗浆进行洗涤的经验，效果也是很好的，并建议：为了使粗浆洗涤更为彻底，每次洗涤的粗浆不应过多、过厚，使之均匀地分散在洗涤池中，洗涤时要对粗浆进行均匀的搅拌，和充分地冲入清水，以达到均匀的洗涤，应该强调提出每次洗涤的污水，必须通过假底和假帮，脱除干净以后，然后再加入新的清水按上述同样的方法进行反复的洗涤 3～4 次，即可得显著的洗涤效果，对洗涤设备简陋的手工纸厂和生产社，为达到彻底洗涤的目的，是值得试用的洗涤办法。

3. 漂白以后的洗涤：漂白洗涤，除去纸浆中的残氯和氧化、氯化生成物，防止纸浆反黄，很为重要，必须引起注意，洗涤方法应采用较细的麻布袋进行淘洗，以防止纤维流失。

Ⅴ．粗浆的发酵

在手工制浆生产中，发酵是为了继续使未完全蒸解的粗浆，堆积一段时间，进行发酵，以分解出残留在粗浆中的非纤维素，获得较软和滤水性较好的纸浆。特别是用石灰乳处理的稻草粗浆，根据实际情况发酵过程更显得必要。会议认为：为了补偿蒸煮的不足进行一次发酵是有一定作用的，但必须提出，稻草经过蒸煮处理，不再进行发酵，也应该获得符合要求的粗浆，未达到这样要求说明蒸煮处理及蒸煮以前的处理尚有不合理的地方，因而有许多未蒸解部需要再进行一次发酵过程才能解决。未蒸解部分，如能从蒸煮实践中进行研究，得到解决，蒸煮后的发酵过程似乎可以省略，因为蒸煮后的发酵虽对解决纸浆的滤水性能有好处，但容易降低纤维的物理强度，造成纤维流失，降低细浆得率。由于这次会议在这方面没有更为系统的数据，故对蒸煮后发酵做不出较肯定结论，为此建议采用蒸煮后发酵这一生产过程的手工纸厂和生产社，应该从今后的生产实践中进一步总结，从经济上找出发酵和不发酵对纸浆得率和药品耗量的得失关系，从技术上找出控制发酵的适宜温度、酸碱值、时间、相互变化关系，对纤维质量的影响，以便进一步互相交流，共同提高。

Ⅵ．吊帘抄纸的经验

手工纸的抄纸工序，过去都用落后的单人或双人的手挽帘，抄纸工人操纵这样的手挽帘，劳动强度很大，双手又必须浸入水中才能抄纸，经过长期的劳动，较普遍的患得腰痛、背痛、胃痛和烂手等职业病，不仅劳动效率的提高受到限制，也影响着产量低、质量差，成纸重量控制不住，纸浆浪费很多，生产成本难于降低。

针对这一情况，浙江孝丰和益民纸厂，福建连城和四川夹江等纸厂，经过多方面的努力，目前都已较成功地将单人或双人操作的手挽帘，改进为便于单人操纵的帘幅较大的吊帘，因而以增加产量，提高质量，降低成本，减轻劳动强度上，收到了显著的效果。

会议认为：吊帘抄纸，确是一项花钱少，收效大而又简单易行的经验，值得各地手工纸厂和生产社，广泛采用的。兹根据各地已采用的各式吊帘的优点，综合地整理出如下几点意见，供为参考：

1．吊帘的构造特点

吊帘和手挽帘不同的地方，主要在于它有平衡的悬挂帘床的弹力杠，抄纸工人可以依靠弹力杠弯曲下垂或复原上升的力量，轻便地操纵着帘床倾斜着入水，平稳地提出水面，并有便于单人用双手灵活省力地掌握帘床入水、出水和对帘面上的浆液，进行动荡摆浪的两个弓形活动把手柄；另外还有和弓形活动把手柄用拉杆连接在一起的两个自动压帘尺。

（1）悬挂帘床的弹力杠和连接索

按照益民造纸厂的经验，用两根弹力杆（细竹竿）和棕绳悬挂着帘床，平衡的吊离纸槽的水面上（约2～3寸）不仅安装简单，又可使帘床适应平稳而灵活的动荡摆浪操作。

弹力杆，应选用两根有同样弹力的竹竿，并须有足够对载有浆液的帘床，提出水面的弹力；其一端要根据帘床的长度，分别固定于纸槽上部的房梁或木架上，另一端用两条长短一致的棕绳（或麻绳），分别和帘床的两端连接一起平衡地将帘床吊离纸槽的水面上。弹力杠和帘面的距离，应为帘幅的 1.5 ～ 2 倍，以便于提帘和铺帘操作。

（2）弓形活动把手柄和自动压帘尺

据浙江孝丰纸厂的经验弓形活动把手柄的握手处，应在悬挂点和操作一面的帘边的中间部，以便灵活省力地操纵帘床入水，出水和随意的动荡摆浪操作。其弓背要有适当的高度，帘床入水后仍应露出水面，以免抄纸工人双手浸入水中；弓形活动把手把，左右张开时（提帘或铺帘时）通过连接的铜丝拉杆的推动或拉动，应使自动压帘尺，自由地张开或压住帘边，并应使把手柄和自动压帘尺不影响提帘或铺帘操作。

2. 吊帘的操作

吊帘的操作，根据产品品种不同，使用的纸浆（文化用浆与卫生纸用浆）不同，质量要求不同（如抄制较高级文化纸的浆液，需要在帘面上动荡摆浪；抄制卫生纸或低级文化纸的浆液不需在帘面上动荡摆浪），应各有不同的操作方法，但都必须吸取手挽帘的基本操作方法，按照吊帘的构造要求进行操作。

3. 吊帘和手挽帘的比较

根据浙江省孝丰和福建省连城等手工纸厂的实践，采用吊帘以后，收到了如下效果。

（1）适当地扩大了帘幅，增加了产量：孝丰纸厂采用吊帘以后，同样的劳动时间，平均增加了 20% ～ 27% 的产量。

（2）提高了质量，降低了成本：由于抄纸工人，可以灵活而平稳地操纵着帘床、进行操作，成纸的纤维组织均匀了，成纸的重量稳定了，因而不仅提高了产品质量，还节省了纸浆消耗，使成本降低了 14% 左右。

（3）节省了劳动力：福建连城纸厂，过去是双手抬帘，每天仅抄五百多张大连纸，采用同样帘幅的吊帘以后，可由单人抄纸，每天还多抄100～200张大连纸，增加了20%以上的产量。

（4）减轻了劳动强度，消除了一些职业病：孝丰纸厂的实际经验，帘幅加大了一倍，不仅操作较手挽帘方便，劳动强度还减轻了；同时由于工人抄纸时，双手不再浸入水中，因而基本上消除了腰痛、背痛、胃痛和烂手等职业病。

（5）操作简单、运用灵活、改装容易、花钱少、收效大，每改装一台吊帘所需50元左右。

以上是会议初步综合的几点意见，供为改装时的参考，并希今后从生产实践中，给予进一步改进，总结交流，共同提高。

Ⅶ．关于利用水力的问题

手工制纸很大一部分是在山区，有的手工纸厂和生产社从历史上已经利用水力打浆的经验。这对改善打浆工人的劳动条件，提高打浆效率和质量，起到了一定作用，而有些手工纸厂和生产社还进一步研究使用了水力石碾和水力木质疏解机（荷兰式或维特式的木质打浆机），和水碓结合一起使用，对提高细浆调成质量又进一步收到了良好的效果，都是值得学习的。

因此会议认为：有条件利用水力的手工纸厂和生产社应该结合当地的具体条件，参考这次会议所介绍的利用水力打浆的经验，特别是浙江省介绍的木质旋浆水轮机的经验来充分地利用水力进行打浆，以改善打浆工人的劳动条件，提高打浆质量与产量，为推广吊帘抄纸平衡打浆能力增加调浆效率创造条件。

Ⅷ．关于利用多种原料的问题：

会议收到不少关于利用麦草、茅草、蔗渣、玉米秆、玉米皮、笋壳等多种草类原料制浆的经验也选择了其中一部分，在大会上做了介绍。会议认为这些经验对今后扩大草类原料的利用有其积极的意义，各手工纸厂和生产社应该因地制宜地运用这些经验，以充分将当地出产的一些价格较低的原料，制造纸浆，配用或全部用作制造文化纸或卫生纸。并希望今后继续从生产实践中，对各种草类原料进行蒸煮试验，予以系统的总结以便进一步交流，共同提高。

全国手工纸生产技术经验交流会技术组

1957 年 9 月 16 日

（摘自浙江省手工业生产合作社联合社筹备委员会：
《手工纸生产技术经验汇编》，1958 年，第 6—14 页）

手工抄纸的新工具——吊帘

全国手工纸生产技术经验交流会技术组

过去，手工抄纸都是使用落后的单人或双人手挽帘。操纵这种手挽帘的劳动强度很大，工人易患腰痛、背痛、胃痛和烂手等职业病，致使劳动生产率、质量和产量的提高都受到限制；同时，纸重不好控制，纸浆浪费很多。

由于手挽帘有这些缺点，浙江省孝丰纸厂和益民纸厂、福建省连城纸厂以及四川省夹江纸厂的职工，将手挽帘改进为单人操纵的，帘幅较大的吊帘，并收到了比较显著的效果。全国手工纸生产技术经验交流会认为吊帘是一项值得在手工纸生产中广泛推广采用的工具。

一、吊帘的构造特点

吊帘和手挽帘不同的地方主要在于吊帘有悬挂帘床的弹力杠、操纵帘床的两个弓形活动把手柄和防止帘面出皱的两个自动压帘尺。目前各厂使用的吊帘虽有共同的特点，但也各有其优缺点。全国手工纸生产技术经验

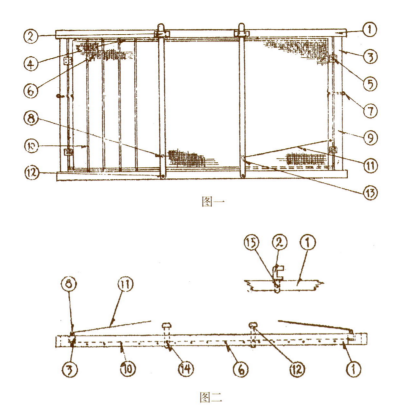

图一

图二

交流会对各种吊帘作了细致的研究和讨论，并综合各种吊帘的优点，建议将吊帘的构造按图1～4（图1～3为构造图，图4为安装图）的形式改进。由于这种吊帘尚未经生产实践考验，只能供参考。

1. 悬挂帘床的弹力杠

弹力杠必须具有能提起盛有浆液的帘床的弹力，两根弹力杠的弹力必须相同。选用弹力杠时，应根据抄纸工人的体力来决定：体力强者，可选用较粗的竹竿；体力弱者，可选用较细的竹竿。

两根弹力杠的一端，要根据帘床的长度分别固定于纸槽上方的房梁上或木架上，另一端则用两根长短相同的棕绳或麻绳分别和帘床两端的铁环连接到一起，使帘床平衡地悬挂于纸槽上，帘床和纸槽中水面的距离为2～3寸。弹力杠和帘床的距离（即棕绳或麻绳的长度）为帘面幅宽的一倍半到两倍（过短会妨碍提帘和铺帘操作）。

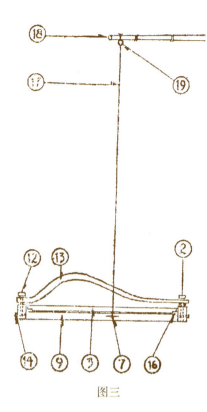

1. 纸帘长臂
2. 把手前轴
3. 活动压帘尺
4. 纸帘边竹竿
5. 绞连
6. 纸帘
7. 纸帘的吊环
8. 活动环
9. 纸帘横臂
10. 帘剑
11. 连接活动压帘尺与把手的铁丝
12. 把手后转动轴
13. 吊帘把手
14. 插锁
15. 插锁
16. 活动压帘尺的缺口
17. 棕绳
18. 弹力杠

图三

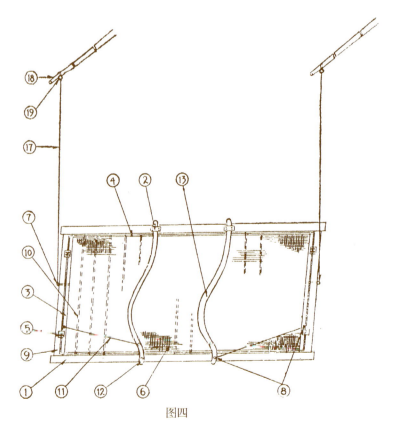

图四

2. 弓形活动把手柄

弓形活动把手柄横跨在帘床上，它的两端分别固定在前后两边帘框的四个短木轴上。固定在前边（操作侧）帘框上的两个短轴可以左右转动，弓形活动把手柄的一端即套在短轴的端部上（如图 1 和图 2）；固定在后边（操作侧的对面）帘框上的两个短轴不能转动，轴端并各有一个向外开着的方形缺口（如图 2），以使弓形活动把手柄的一端能镶进短轴中或自短轴中脱出。

弓形活动把手柄的弓背（即握手处），应在帘床悬挂点和操作侧帘框的中间，这样，工人才能灵活而省力地操纵帘床和随意地使帘床动荡摆浪，从而能抄出纤维组织均匀的纸张。弓背要有适当的高度，当帘床插入水中时，弓背仍在水面上，工人的手才不会浸在水中。

3. 自动压帘尺

自动压帘尺与手挽帘的帘尺作用相同，但自动压帘尺的两端有一个小缺口（如图 3），以使帘面两边经帘尺压住后能够镶住帘杆，防止帘面于动荡摆浪时出皱。帘尺是各用两个折页式铰链镶在左右两侧的帘框上（如图 1）；并在靠近操作侧的一端，用一根长短适宜的、两端压扁并钻有圆孔的 10 号铜丝将帘尺和弓形活动把手柄连接在一起。当弓形活动把手柄左右张开或闭合时（提帘或铺帘时），推转或拉转铜丝，自动压帘尺便会自动地张开或压紧帘面。

吊帘的其他部分基本上和手挽帘相同。

二、吊帘的操作方法

吊帘除了是利用由弹力杠和棕绳吊起的吊帘端纸一点与手挽帘不同外，其操作方法基本与手挽帘相同。但是，如果产品品种和使用的纸浆不同，同是使用吊帘，其操作方法也不相同：如抄制较高级的文化纸时，浆液需要在帘面上动荡摆浪；抄制卫生纸或低级文化纸时，浆液不要在帘面上动荡摆浪。

用吊帘抄纸时，抄纸工人用双手握弓形活动把手柄将帘床向前推动，帘床即自然地倾斜着接近浆液表面；然后用手稍稍加力，使小部分帘床插入浆液中；这时，帘面上已抄取浆液，使弹力杠的端部由于帘床的重量加大而下垂，大部分的帘床即斜插入浆液中（抄较厚的纸张时）；待帘面上有了需要的浆液后，工人可用双手平衡地掌稳帘床，借弹力杠端部复原而上升的力量，即可将帘床轻灵而平稳地提出水面。帘床提出水面后，如需要动荡摆浪，可按照动荡摆浪的操作要求进行灵活的动荡摆浪；如不需要动荡摆浪，就只要用双手提平帘床就行了。在动荡摆浪或提平帘床的时候，白水从帘面上自然滤下，最后形成湿纸层，帘床重量随之逐渐减轻，弹力杠随即恢复到原来的高度。待帘床全部离开水面以后，将其拉近槽边，放置在固定架上，随手将弓形活动把手柄向左右分开，自动压帘尺也随之自动地张开，这时即可提帘。

三、吊帘的优点

1. 能适当地扩大帘面，增加产量。孝丰纸厂的实践证明，由手挽帘改用吊帘后，产量平均能增加 20% ～ 27%。

2. 能提高质量和降低成本。使用吊帘时，由于抄纸工人能灵活而平稳地操纵帘床，帘面上的浆液能受到均匀的摆浪，因之成纸纤维组织均匀，纸重稳定。这样，不但改进了产品质量，也节省了纸浆。孝丰纸厂的生产成本因此降低了 14%。

3. 双人抬帘改为单人操纵的吊帘，能节省人工。福建省连城纸厂由使用双人抬帘改用帘幅相同的吊帘后，不仅节省了一个抄纸工人，每天的产量（大连纸）还由 500 张增加到 600 ～ 700 张，提高了 20% 以上。

4. 能减轻劳动强度和减少职业病。孝丰纸厂的实践证明：帘幅比手挽帘将近大一倍的吊帘，操作起来仍很轻便，劳动强度较之使用手挽帘时减轻；同时，用吊帘抄纸时，工人的双手可以不再浸入水中。因此，使用吊帘基本上可消除腰痛、背痛、胃痛和烂手等职业病。

5. 吊帘抄纸的操作简单，技术容易提高。

6. 把手挽帘改成吊帘很容易，花钱少而收效大。

姜世襄整理

（摘自《造纸工业》，1957 年第 11 期，第 20—21 页）

浙江孝丰式吊帘抄纸表演

福建连城式吊帘抄纸表演

吊帘抄纸操作讲解

吊帘抄纸经验交流

手工纸产品展览

附录一

造纸工业技术学讲义（节选）

第三章
手工竹浆及竹纸的
制造法

中国人民大学第三工业技术学教研室
造纸工业技术学讲义（一九五六年三月五日出版）

第一节 手工纸的种类

我国手工纸的名目繁多，各地对手工纸的分类方法很不一致。一般的分类方法有两种：一种是按其用途来分类，一种是按制造时所用的纤维原料来分类。

手工纸如按其用途大致可以分为以下五类：

1. 文化纸：供书写及印刷用的纸，著名的有连史、毛边、元书、京放、官堆、玉版、对方、贡川、二元等纸。

2. 卫生纸：供便用的纸，如坑边、四六屏、豆纸等。

3. 杂用纸：供包装及其他生活杂用的纸，如表芯、海放、毛头纸、白果纸、草纸等。

4. 迷信纸：供迷信群众焚化用的纸，如黄表、干古、花尖等纸。

5. 特种纸：一些产量不多而价格较高，供特殊用途的纸，如宣纸、雨伞纸、红辛纸、纱纸、白绵纸、铁笔蜡纸原纸等。

在目前生产的全部手工纸中以卫生及杂用纸居多数，二者产量占半数以上。其次，为一些价格低廉、主要供一般书写用的文化纸。迷信纸在解放前占我国手工纸产量的半数以上，解放后由于人民觉悟提高，迷信逐渐破除，产量日渐减少，唯长期积习的迷信非短期内即能完全破除，因此目前迷信纸还占一定的比重，但它的逐渐被淘汰是肯定的。特种纸产量最小，但技术较精，品质高贵，且大多数目前为机器造纸厂所不能生产者，因此在手工纸占相当重要的地位。

为了便于研究手工纸的生产技术，一般多将手工纸按其制造时所用的纤维原料进行分类。因为各种手工纸大多由一种纤维原料所制成，手工纸常用的纤维原料不外有竹、树皮、草、废麻及废纸等五类，因此可以将手工纸分为以下五类：

1. 竹纸类：系用各种竹子制成的纸，可以供文化、卫生、杂用及迷信等之用。此类纸无论在产量及品种上均居首位。我国的五个最大产纸区即浙江、四川、湖南、江西、福建五省均以生产竹纸为主。

2. 皮纸类：即用各种树皮制成的纸，这类纸大都是特种用纸，产量虽不大，但在手工纸占很重要的地位。

3. 草纸类：即用稻草或麦秆等草类原料制成的纸，这类纸的产量在手工纸中占第二位，一般质量较粗，然而价格低廉，多供卫生及杂用。

4. 麻纸类：采用废麻主要是旧绳头制成的纸。此类纸主要产在北方各省，大多供糊窗、书写及其他杂用。

5. 返故纸类：即用废纸重新加工制成的纸。此类纸产量很少，且主要产在北方各省，此类纸的质量亦低劣，大多为卫生纸及杂用纸。

第二节 制造手工竹浆及竹纸的原料

一、主要原料——嫩竹

甲、适合手工造纸用的竹类

用竹造纸是我国首先发明的，开始于西晋时代。到了宋代在技术上又有了长足的进步，凡各种贵重纸类，几无不取竹为原料，凡产竹区域，几无不产纸。直到现在，我国手工造纸所采用的原料仍以竹占绝大部分。

竹为禾本科植物，生长很快。它的茎有一段生在土里，叫做"地下茎"，俗称为"马鞭"。马鞭上密生有节，在冬末春初从节上生出芽来，芽稍长大，就是竹笋。竹笋的外边包着一层皮壳称做"箨"，在立夏前后，笋伸出地面，脱去了箨，开枝生叶就成为新竹。竹在出笋后的一个月内长得最快，一年内可长到一丈以上。手工造纸所用的竹绝大部分是嫩竹，嫩竹就是年幼的竹子，也就是刚由笋变成不久的竹子，此时竹内含水分甚多，一般在 60% ~ 80% 左右。

竹林一般都有隔年盛衰的特性，出笋多的一年亦即竹子生长茂盛的一年，一般称为"大年"或"当年"；出笋少的一年，亦即竹子生长衰弱的一年，称为"小年"或"背年"。在大年的时候，可以大量地砍下嫩竹来造纸；在小年的时候，则嫩竹产量甚小，一般仅为大年产量的 5% ~ 10%，而不敷应用。

手工造纸之所以不用老竹而取用嫩竹，乃因嫩竹含木质素少，处理容易，而老竹的皮、节皆为粗硬，且含木质素较多，处理较为困难，非在高温度、高压力下用药品处理不能成浆，而手工造纸因限于经济条件，不得不在使用简陋的设备下采用嫩竹来制浆造纸。

竹的种类甚多，但适合于制浆造纸用者，以茎干肥大，茎节少，纤维易于分离，非纤维素物质容易溶解者为最好。手工造纸常用的竹有毛竹（又名楠竹、青竹、孟宗竹、茅竹、猫竹、苗竹）、水竹、石竹、苦竹、刚竹、淡竹（白荚竹）、金竹（又名寿竹）、麻竹等数种，其中以毛竹用得最普遍。

在西南各省如四川、贵州手工造纸所用的竹又有春料和冬料之分，这些省在春季出产以上列举的一部分竹类，称为"春料"。此外，在冬季亦产生嫩竹，称为"冬料"，冬料竹类与一般春料不同，均是丛生，常用于造纸的有慈竹、黄竹（又名硬头黄）、西风竹（又名观音竹、钓鱼慈）、伸天慈（又名苦慈）等。

乙、嫩竹的砍伐时期

手工造纸用嫩竹的砍伐时期，在我国产竹各省旧习惯多以立夏与小满节期前后为标准。在立夏前后所砍伐的嫩竹，用以制造上等的书写纸如毛边纸、连史纸等；在小满前后所砍伐的嫩竹，因其质地粗硬，含木质素较多，用以制造较下等的粗纸如表芯纸、卫生纸及迷信纸等。但因我国各地气候不同，竹的生长情形也有差异，不但如此，即在同一地带山向的面南或面北，竹的生长程度亦有不同；即在同一山中，竹的生长，也因阳光照射情况的不同，而有迟早先后的差别；如同时砍伐，制出的纸浆将有粗细不同，对以后的腌料、蒸煮或碎解等工作将有顾此失彼和过度与不及的困难，所以，决定嫩竹砍伐的时期，应根据竹的生长程度。普通以新竹正分枝、生出一对枝或二对枝为砍伐标准。在同一山中到达此程度者，即行砍伐，没有到达此程度者留迟一二日砍伐，已过此程度者留作娘竹不砍，供次年繁殖之用。这样得到的嫩竹料，老嫩均匀，对于将来的处理，不致发生顾此失彼的困难。所以，嫩竹的砍伐时间是很重要的，不仅有关以后制造处理问题，并能影响纸浆的收获量（如砍伐过早，嫩竹上部的纤维还未长成，将减低纸浆收获量）与产品质量的优劣，应加以注意。

二、辅助原料

1. 石灰：石灰是手工造纸中采用最普遍的一种辅助原料。石灰的化学成分主要是氧化钙 CaO，遇水则发生大量的热而得熟石灰。熟石灰或石灰乳的化学成分是氢氧化钙 $Ca(OH)_2$，是一种最便宜的碱性药品，但其溶解度较小，碱性较弱。石灰的功用是在制造纸浆时利用其乳液中氢氧化钙的碱性，将纤维原料中的非纤维素物质化合或分解变成可溶于水的物质除去，以取得造纸所需要的纤维。

石灰的来源一般有两种：一种是用石灰石在窑中烧成的石灰，这种石灰是块状的；另外一种是在海边的山区用贝壳烧成的石灰，通常叫做"蛎灰"，后者是粉状的。这些来源的石灰除含氧化钙外尚有大量的其他杂质。一般在产手工纸的地区，附近均出产石灰，供应不成问题。

2. 纯碱：纯碱的成分是碳酸钠 Na_2CO_3，是一种碱性盐类。在制造纸浆时，纯碱的功用和石灰相似，乃利用其碱性除去纤维原料中的木质素等非纤维素物质。

3. 土碱：土碱的主要成分是碳酸钾 K_2CO_3，此外并含少量碳酸钠，也是一种碱性盐类，其在制浆上的功用和纯碱相同。土碱大半是利用桐子壳、豆荚壳或老竹等烧成的灰，将灰放在水中浸出碱质，蒸发后即得通常见到的棕黄色土碱商品，除含碳酸钾外，含水分和其他杂质甚多。土碱在南方产竹纸各省均有出产，在买不到纯碱的地方，可以作为代用品。

4. 粘料：粘料又名"滑液""油水"，是一种粘性的液体物质，其功用是在手工抄纸时，加入抄纸槽的水中，使纤维均匀地悬浮在水中，以使将来抄成的纸组织均匀。此外在抄纸时，可以使帘面上的水分，因粘料的存在而延缓滤下，抄纸工人可以从容任意摇动，使纤维错综交织良好，以增加纸的紧密度和韧力。

粘料大多系用水自某些野生植物的根或茎中浸取出的粘液。粘料植物的种类很多，各地采用的均不相同，品种名称极为繁多，不胜枚举，常见的有洋桃藤枝、黄蜀葵根、冬青叶、榆树皮、青桐梗等多种。这些植物粘料在手工造纸槽坊附近的山野均可找到，取用便利。采得以后，经过轧碎、水浸或水煮以后，即可得到粘液，供抄纸时使用。

各种植物粘料均有一定的时间性，每因过时而失去其粘性，所以要在不同季节中更换不同的植物。例如，洋桃藤枝的使用日期为每年十月至翌年四月；冬青叶的使用日期为每年四月至十月。粘料在采用时，还要注意粘液的色泽，以防影响纸张的颜色。

5. 助酵剂：手工制造竹浆时，除用碱性药品处理嫩竹外，也时常采用发酵的方法，使一部分非纤维素物质受微生物的作用而分解，以便在碎解纸浆时纤维易于疏散分开。在发酵时，为了缩短操作时间，通常加入一种帮助发酵的物质，以促进微生物的生长繁殖。这些物质各地采用也不相同，在江西、湖南、福建、四川等省有在纸浆内加入黄豆汁、米浆或酒曲来促进发酵，在浙江省有用人尿来作为助酵剂的。这些物质其中大都含有微生物生长所需要的氮素，它们的作用都是相同的。

6. 漂白粉：在制造上等的白色竹纸如连史、贡川等纸时，需要将纸浆漂白。手工造纸在漂白时所用的药品大多为漂白粉，关于漂白粉的成分、性质及使用方法拟在第五章中详细介绍。

第三节　制造手工竹浆及竹纸的主要工具和设备

一、削刀：削刀是削去竹的外皮用的刀。此刀系用铁制成，形扁而弯，刀片很薄，形状和镰刀相似，长约一尺，宽约一寸，两端镶有二寸长的木柄，以便把握。

二、浸竹池：浸竹池是用水浸泡嫩竹的设备，将其中一些杂质及有色物质溶解出来。此池一般建造在溪流附近。它的构造很简单，只要在溪水附近选择一块泥地，掘一个 4～5 市尺深，2～3 市丈长的坑，宽度可以随着地面大小而定，但最少也要二三市丈。池的四周用石块砌好，再用三合土将缝隙糊满，不使它漏水，经常可保留死水，就告筑成。如果池的附近没有溪流可以利用，就要用竹筒连接起来，将远地的水源引入池中。

三、料塘：料塘又名腌灰池，是用石灰浆来浸渍竹料，俗称"腌料"，以及进行发酵的设备。此塘最好建造在浸竹池旁，工作时可以便利。它的构造很简单，一般均为长方形，其容量大小视腌料的多少和地势情况而定，如果因地势所限，不能建造大的料塘，只有挖几个小的。料塘的长和宽，应是竹片长度的倍数，如此则装料时不致有空隙，以免多费塘的容积，如竹片长度是四市尺，则以八市尺、一丈二尺、一丈六尺等为方便。普通每方（即一丈长、一丈宽、一尺深）可容竹片 25 担，例如，一个长一丈二尺、阔八尺、深六尺的料塘，可腌制四尺长的竹片 144 担。料塘的四周，可以用乱石及三合土砌成，塘底则用三合土与碎石块敲打结实，以不漏水为原则。相对的两面或两角，分别留作水的引入与排出口，引入口与塘面平，排出口与塘底平，以便水的引入和排出，如缺少乱石则单用三合土筑成也可。

四、蒸煮锅灶：蒸煮锅灶是用石灰或碱液来蒸煮竹料时所用的设备。在操作上，蒸和煮是有区别的，蒸是用烧开水发生的蒸汽来加热被石灰或碱液浸过的竹料，煮是将竹料浸于石灰或碱液中，共同放在锅内用直接火加热。蒸或煮所用的锅灶在构造上稍有不同，今分别说明如后：

1. 蒸料锅灶：蒸料锅俗称为"熿甑"，如第二图所示。熿是铁制的大锅，甑是用木板箍成的木桶，桶系放在锅上，锅内盛清水，桶内装被蒸的竹料。灶系以砖砌成，在灶内放一锅。灶面四周离甑边相距一尺。如甑大锅小，则从锅边起向上斜砌四五寸高的围圈，此圈的直径小于甑底直径五寸，然后将甑放于灶口上。甑是木制的钟形桶，大的上口径六尺，下底径七尺，深七尺，每甑可蒸丝状竹料九十市担；小的上口径四尺二寸，下底径五尺，深五尺。每甑可蒸丝状竹料三十三市担。甑底平铺木条或老竹，以便在上面放竹料。甑口以木盖盖上，其盖分为四块或六块，或形如斗笠，均要紧密，勿使漏气。

2. 煮料锅灶：煮料锅俗称"镬"或"皮镬"。系在石块砌成的灶内放一大铁锅，锅上套一圆筒形木桶，木桶系用二三寸厚的木板箍成，高一丈五尺，直径一丈余。木筒的周围贴砌石块，更用灰泥糊粘，以防止坍裂。锅的直径比木桶稍小，锅旁特设一小孔，作排水用。锅口上横放数根木条，以便在上面装竹料。锅的下面，则叠筑一洞，口狭而内宽，此即烧火洞。

第二图　蒸料锅灶（熿甑）

整个锅灶从外形来看像一座方城。灶旁砌有石阶，以便工人登临顶上进行工作。此锅灶每次可容片状竹料一万五千市斤。

五、漂洗池：漂洗池是用来漂洗蒸煮过的竹料的设备，应建筑在蒸煮锅灶旁。此池一般是椭圆形，直径一丈五尺，横径一丈二尺，深二尺，用砖、石板或三合土砌成。上端有一缺口，可以引水入池。底部有一出水口，以木塞紧。口内放一篾闸，以防纤维随水外流。放出污水时，拔去木塞，再于出水口套一布袋，以收集池内流出的细纤维。

六、踩料槽：系用人的脚力踏碎纸料用的槽。此槽形状长而窄，普通长六至九尺，宽二尺五寸。三面掩有木板，木板高一尺，底以竹篾编成的垫或有刻纹的石板稍斜置放。槽的无有木板的一旁，箝有竹筒一个，两端附着于木板上。槽的上方，或横架竹杠，或就屋梁系以麻绳，下垂至槽顶，以便踩料工人作攀手之用。

第三图　脚碓

七、脚碓：脚碓为舂打纸料成单纤维用的工具。脚碓建在槽屋内，系用杂木和板制成，其形式如第三图所示。前有木臼，后有碓床，再加上碓头，就可以踏舂。

木臼形如船头，臼身前仰起，后着地，形式前尖后方，口阔底尖而带圆；口面如三角形，均由杂木板制成。

碓床长约六尺，阔四尺，高三尺，前后用四柱脚，上下由二道挡合成。中间不必再加小挡，因为碓跳要由这中间踏到着地。碓床后面柱脚，须加长六尺，中间横加小挡。以便踏碓跳时可以扶手。以上均系杂木制成。

碓头用石条制成，长约四市尺，厚约六七市寸，但须自上向下逐渐收小，至头上稍圆。碓跳系用硬木制成，长约六尺半，厚约三寸，阔约五寸，镶在碓头上，架上木臼，就可踏舂了。

八、水碓：水碓是西晋时杜预发明的，距今已有一千七百余年，一般农村中常用以舂米，在造纸上也是作为舂料用的一种工具。它是利用溪流沟渠的水力发动的，装置在溪沟由高而下的堤岸，水力下冲很急的地方。

第四图　水碓

水碓完全系用坚硬木料制成，如第四图所示。其结构可分为四部分，即水道、滚筒、碓头和臼。

1. 水道：是四尺阔，十尺长的水盘，用三寸以上的厚板制成，后面加上一个水闸，可以抵止水流，调节水力大小，前面不镶边嵌，可以使水顺流而出，装置在堤岸上的凹处，可以使水由闸口流出水道，冲入滚筒。

2. 滚筒：是一个五市尺长的木制圆筒。两端用四寸的厚板块拼成圆形，木块上凿有斜缝，中间用横柱把厚木块两边接上，厚木块的斜缝上装着薄板。横柱系穿出厚木块中心，包一层铁皮再做两只栏架，分立在滚筒两侧，再将包铁皮的横柱两边搁好，置在水盘口当中，流水冲上滚筒，滚筒就旋转起来，滚筒的横柱上，再穿上两块五寸厚的脚板，滚筒旋转时，脚板也随之滚动，触着碓头上的碓跳，碓头就一上一下地跳动起来。

3. 碓跳：系用二市丈长的一根硬木制成，前端镶上碓头，把碓跳放在滚筒横柱的脚板下，滚筒旋转，脚板触动着碓跳，碓头就随之动起来。

4. 臼：是放在碓头下面。就在地上，挖一个口径约二市尺的圆洞，口大底渐小成尖，用光石块砌成，缝隙用三合土嵌满。除这种石臼外，也有用木板箍成的臼，亦埋在地上。

九、抄纸槽：抄纸槽是盛放已制好的浆料，用人工进行抄纸的器具。抄纸槽简称槽，它的数目决定一个手工造纸生产单位的生产能力大小，因此通常由槽数的多少来表示生产的规模。

槽依建造材料的不同可以分为石制和木制两种。此外，也有依抄纸工人的数目而分为单人槽和双人槽两种。

槽的构造很是简单，普通均为方形，每边长在六尺至一丈二尺之间，深在二尺至二尺半之间。如为木制，则系为五块厚的硬松木板拼合而成；如为石制，则四面由四块厚三寸的石板拼合而成，埋在地上，槽底先用石块填平，再用三合土糊好，拼合处的缝隙，用石灰、桐油拌着麻渣，捣得很粘后，嵌在缝里，使水不会漏出来。

在槽面自左到右的板上，要放一根细竹竿，一边用钉固定住，一边可以推开拉拢，以作搁帘床之用。在用帘抄纸时，纸已抄好后，帘床就放在竹竿上，取下帘，把纸脱下，再抄纸时，拿起帘床，把竹竿推开，就可把帘床伸入槽中再去抄纸了（第五图）。

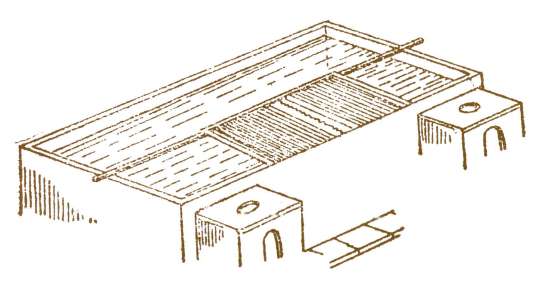

第五图　抄纸槽

十、帘：帘是手工抄纸用的一项最重要的工具。在抄纸时，将其插入盛有纸浆的抄纸槽中，然后捞起，滤去水分后，其表面上就留下一层湿纸，也就是最初成型的纸。

抄纸帘是用竹制成的。先把竹劈成竹片，再把竹片劈成竹丝，竹丝再经过多次的刮刨，制成极细的丝条，然后用生丝制的弦线以人工打织成很紧密的帘幅，最后用生漆涂好，使帘面光滑，这样，使纸内纤维间的内聚力大于纸与帘间的附着力，以便于湿纸的脱下。帘的幅面大小视所要抄的纸张的大小而定。普通单人抄纸用的帘，长约三市尺，宽约一尺五寸，如果纸成品的张幅要比帘幅小一半，可以在帘的中间。再用弦线织成一条粗线条，将来抄成的纸堆叠成块，榨干以后，很容易地就可分成两块，如此可减少抄纸的次数。双人抄纸用的帘，其幅面要比单人的大一倍以上，普通约长四尺至六尺，宽约二尺五寸。帘丝的细度随欲抄纸的种类而不同，大体上来说，抄上等纸用的帘丝要比下等纸的来得细，一般造文化纸所用帘的丝，直径约 0.5 公厘，每寸有竹丝 25 ～ 30 条；造粗包装纸者，直径约 1 公厘，每寸有竹丝约 15 条。

抄纸帘在使用一定时间以后便要损坏，此时就得换用新帘，而帘系精工细作，价格甚高，所以应小心使用。

十一、帘床：帘床或称帘架，是铺放帘于其内，用以抄纸的工具。因为帘幅柔软如布，不易随手捞取，所以要用帘床作为架子。帘床系用杉木制成的长方形框，其大小比帘幅周围约放宽一寸，框中箝以数根平行的二三分开的木条作为横挡，也有用削光的竹片的，无论用木条或竹片来箝时，必均匀平正，方能将帘铺平，否则抄成的纸将不匀。将帘置于帘床上，覆在帘上加帘范（又名押手），帘范亦为木制成的，形状如 ⊔，其大小与帘相当。在抄纸时，用手持左右二处，将床帘与帘范紧握于手中，而帘乃夹于帘床与帘范之中，于是可任意作种种摇动，以构成纸层。

十二、榨：榨是用木制成的，系利用杠杆作用以压去湿纸中的水分。其构造如第七图所示，主要可以分为榨梁、榨架和滚筒三部分。

榨梁俗称"榨桥"，为硬木制成的长梁，重约二三百市斤。榨架系由前后四支柱所组成，后面两柱特别粗大，约丈余长，此柱俗称"将军柱"，其一端埋在泥土里，两柱中间加四五根横挡，以便搁置榨梁头；前面两柱粗短，约四五尺长，此柱俗名"矮股挡"，一端也埋在泥土里，中间加一粗大的圆柱形木滚即是滚筒。其上凿有四个孔，以便插入木棍，拨动滚筒，再用特制粗而长的竹篾索一根，从榨梁梢系到滚筒上，用滚筒卷紧，使榨梁发生压力。榨多建造在抄纸室的槽旁。

榨除用于压榨湿纸外，亦用于制成纸的打包，打包用的榨比榨湿纸所用者为小，但其构造均相同。

十三、焙笼：焙笼或称"焙"，是烘干湿纸的设备。焙笼建造在特设的焙纸室内。焙笼依建造材料的不同，可以分为砖制和竹篾制两种。

砖制焙笼如第八图所示，系用厚砖砌成左右两道墙，高约七八尺，长约一丈以上，两墙的距离约四五尺，下部较上部大而成斜方形。中间留出一条空巷，即为火道。前面留一火门，用以烧火，后面留一小洞，用以除灰。在砖墙面上，用石灰混以纸筋涂上，再以竹片往返磨光，半个月以后，再以火力将其徐徐烘干，俟水分完全驱尽后，加涂黄色或红色染料，以便焙纸时容易察出破张，复涂以食盐溶液，以便能经久耐用。于是再加大火力，涂以桐油一次，使其吸入墙内，焙纸时再涂秀油一次，俟干燥后，焙表面变成光滑。大约一个月后，则所涂之油已失功效，又需重涂，然只需秀油一种即可。此种砖焙在烧火以后，如将火门关闭，则热力可保留数小时而不减，但其缺点是在烧火时易破裂，难于经久。

竹篾制焙笼的造价较砖制者为低，其构造与砖制者略有不同，系于地面上掘一深沟，四周砌以方砖，上亦覆以砖，砖上留有空的小圆洞，可使火气上升，称为"火涵"。火涵的上面，两边以竹篾编成篱壁，壁上亦涂以灰泥及纸筋，外敷以桐油，并用铜器将面磨光。此焙的外形和砖焙一样亦为斜方形。火涵的一端有一口，为加燃料烧火的地方。竹篾制的焙传热极快，需时时加火，不可间断，其使用时间亦不经久。一般槽厂每个月要

第七图　榨

第八图　焙笼

打扫焙内的灰烟一次，否则易将竹篾烧毁。

十四、刷毛：在将一张张的湿纸贴在焙笼壁面上烘干的时候，要用刷毛将湿纸刷平。一般所用的刷毛，乃用松树的针状叶夹于两块木板间，将松叶剪平如刷状即可使用。

制造竹浆和竹纸的工具和设备，主要的均已说明如上，其他零星小件工具尚多，但其构造均很简单，因此从略。

第四节 手工竹浆的制造法

生料法

用嫩竹制造纸浆的方法，各地情况颇不一致，概括来讲，可以分为生料法和熟料法两种。生料法是将竹料用石灰腌浸，并经过发酵作用制成纸浆，因为不经过蒸煮手续，所以称为"生料法"。此法制成的纸浆，其中含有未去净的杂质如木质素等，用以漂白，所耗漂白粉数量较多，因此，多用以制造固有黄色和较次等的纸张，或制成竹浆板供给机器造纸厂为原料，机器造纸厂购进后，再施以加工处理，仍可制成高级白色纸张。熟料法是用石灰或碱来蒸煮竹料，所得到的纸浆，内含杂质很少，多加以漂白制造上等白色的纸张，如制成竹浆板，机器造纸即可直接用以制造白色纸张。现在将这两种方法详细说明如后。

此法在南方产竹纸各省都有采用，各省的制造程序均大同小异。现在以江西省通用的生料法来说明。

砍竹→截断→削竹→剖片→水浸→灰腌→洗料→浸洗→发酵→浸洗→洗料→榨料→踩料→竹浆

1. 砍竹：在立夏到小满这段时间，将新生方始开枝及生一对枝的嫩竹砍下，堆积在适当的地点。

2. 截断：将砍下的竹，砍去枝叶，将其截成数段，每段长约五六尺。

3. 削竹：将各段嫩竹分别放到削竹架（俗称竹马）上，由工人用弯形

第九图　削竹

的削刀，将青皮一片片地削去，削得要薄、要净。削竹情形如第九图所示。

制造粗纸时则无此削竹程序，俟将来料腌熟后，再行剥皮。

4. 剖片：将削去青皮的竹料，用竹刀剖成约一寸宽的竹片，剖后，集80斤左右成一捆，担至浸竹池中用水进行浸泡。

5. 水浸：将上述已准备好的竹片，按首、中、尾段的不同，分池或同池分段放在浸竹池中，用清水浸泡十多天；若是水源短少，可放满一池水，浸四五天后，放出浸出的黄水，再引用清水浸四五天，再放去黄水，如此三四次已足。若有长流水，将竹片浸于水沟或池塘中均可。在水源缺乏的地方，此项工作不做亦可，不过腌料时石灰的用量较多，因为先用水浸泡，竹片中可溶于水的杂质如淀粉、色素等，一部分为水溶去，做出的纸浆当较未浸的为白。实际上，为了减少手续，大多数地方均省去此程序。

6. 灰腌：将用水浸过的竹片解去捆篾，逐层平铺于料塘内，一层竹片，夹置一层石灰，以便使石灰与竹片的接触面积增加，在腌浸时，使石灰水容易渗入竹片内部去。石灰的用量，约为竹片的 12% ～ 15%。

铺于斜塘内的竹片，要加以敲打，使石灰散布均匀。如此装到低于塘面三四寸处即可，最上一层竹片加得石灰多些（约一寸半厚）然后用老竹片押面，并用大石块压好，以使竹片不致浮出水面。导引清水到料塘中，水以没过全部竹片一二寸为度，此后只需注意料塘中的水位，如天干，塘中的水浅下，则加清水补足，如天雨水满，则将水放低。在料塘中腌浸45天到50天，竹片中大部分杂质已被石灰水溶出，可自塘内取出一片，如用手一扭即断，即说明料已腌好。

7. 洗料：竹片腌好后，即进行洗料工作。洗料方法有两种：一种是用原石灰水洗，一种是用清水洗。前一种方法，是由工人用料塘中腌后的废石灰水将竹片上的灰渣洗净，这种方法，虽然手续可简化，并节省清水，但是，工人在操作时，手足受到石灰水的腐触，很是痛苦，因此并非良法。

用清水洗料时，先将废灰水放出，然后立即放入清水，再将竹料轻轻摆洗，务必将料上附着的灰渣洗去。洗后的料子，放在塘旁的竹垫上，使其不再染及泥土和砂粒。

8. 浸洗：上面的洗料只能将竹片上的灰渣洗去，但腌料时用石灰水溶出的杂质尚未除掉，竹料仍有部分碱性，必须用清水浸泡多次将其溶解除去，使竹料成为中性，俾细菌容易生长，进行下一步的发酵工作。这种工作俗称为"漂水"。

在将料全部洗好取出后，需将塘底扫洗清洁，然后用数根老竹或树条平行地垫于塘底（老竹或树条间的距离约一尺），塘壁四周也用老竹或树条隔好，以防竹片粘附泥沙，再将洗过的竹片搬入塘内，整齐地堆放，仍用老竹片和石块压好，上面并用茅草覆盖，使料不受日光直晒，以免变黑。然后注入清水满塘。

第一塘水灌满（约一夜）即放，此水色黄，此时万不能延长时间，如不按时换水，竹料内的杂质很快的溶出，经空气的氧化作用，水色变红，仍被竹料吸收，颜色染深，虽经多次漂洗，亦难退色。第二塘方法亦同，到第三塘漂水可延长时间，隔二三天换水一次，水色金黄带红再放亦无妨，如此至少要漂五六塘。

9. 发酵：在最后的一次漂水完毕后，将水全部放干，停放七天至十五天，时间的长短随当地当时的气候温度而定。在停放期间，竹料因受天然细菌对料中非纤维素物质的分解作用，内部发热，是为发酵作用。这样竹料中一部分杂质可被发酵分解而除掉，纤维即被离解。

10. 浸洗：发酵完全后，即注水入塘，停止发热，并将发酵生成的杂质溶出，此时水呈黄色，在第二天即将其放去，此种操作俗称"漂黄水"。如此需要反复三四次，将黄水漂净后，再引入清水，用水浸泡10—12天，水色逐渐变黑，此种操作俗称"漂黑水"。将黑水放去后，再换水三四塘后，料遂由黑转白，由硬变软，此时将竹片取出，用手一压即碎，说明料已熟烂，可以停止漂水。

从腌料后的漂水到漂黑水完成，总共需时40—50日左右。

11. 选料：竹料浸洗洁净以后，放去废水，将竹料取出，以人工将竹料上未削净的皮、节部粗硬部分以及竹黄等——拣出，是为选料。选料必须精细，如料中有粗硬部分存在，将来制成的纸将出现粗筋。

在不削竹的地方，料熟烂后，此时即进行剥皮工作，剥下的皮不与竹肉混在一起，另外用碾将竹皮碾碎，用以制粗纸。

12. 榨料：选净以后的竹料，其内部含水分甚多，不便于下步的碎解工作，必须放到木榨上压去水分。

13. 踩料：经以上处理后的竹料，纤维间虽已松散，但尚未完全离解，必须将其碎解成单纤维以便于抄纸或制造浆板。碎解纸料的方法甚多，计有脚踩、碾碎、碓舂等数种，其中采用最广的是脚踩法。

踩料的方法是将榨好的料放到踩料槽上，以人的脚力踩踏纸料，使其与槽底摩擦而将纤维离解。踩时用力要匀，并要随时要向纸料上洒水，使其保持潮湿状态，以便操作。每踩一次料要六七十来回。

至此生料竹浆即已制成，可接着进行造纸，如系供给机器纸厂作原料时，即可接着进行制造竹浆板的工作。

用生料法制造竹浆，纸浆的收获率对风干竹片来讲大约为 50%～55%。其生产周期一般为 70—90 天。

第五节　手工竹浆的制造法

熟料法

熟料法制造竹浆是将嫩竹料用石灰或碱液蒸煮将其中的非纤维素物质大部去掉，以后并用发酵方法将残留的杂质再行分解除去。此种纸浆含木质素极少，很容易漂白，多用以制造上等的白色竹纸。但是，此法的制造程序过于繁复，成本也很高，急待研究改进。

各省熟料法的制造程序均不大一致，总括来讲，主要可以分为用石灰一次蒸煮及用石灰和碱二次蒸煮二种方法。现在以著名的产纸地浙江富阳的一次蒸煮法和湖南浏阳的二次蒸煮法为代表，分别介绍如后。

（一）浙江富阳一次蒸煮法

浙江富阳所用的熟料法主要是用石灰蒸煮竹料一次，然后用人尿促进发酵，将竹料中大部分非纤维素物质除去。此法所用的蒸煮药剂仅石灰一种，而石灰的碱性较弱，不能将木质素及其他杂质除净，制成的浆呈淡黄色或深黄色，多用以制造本色纸张。

该地所用的竹为毛竹，径大肉厚，但其皮部与肉部的组织及化学组成很不一致，必须分别进行处理。以此法用竹肉制成的纸浆称为"白料"，用竹皮制成的纸浆称为"黄料"。白料的品质较好，颜色淡黄，多用以制造文化纸，例如著名的元书纸即系用白料制成的。黄料的品质较差，颜色深黄，多用以制造各种粗纸。白料与黄料的制造程序大同小异，下面仅就白料的制造程序加以说明。

白料的制造程序很多，为便于说明，将其分为备料、煮料、发酵及舂料四段程序，其流程图示如下：

1. 备料

砍竹→截断→削竹→敲竹→水浸→切断

2. 煮料

浆料→堆置→煮料→洗料

3. 发酵

浸尿→堆置→浸洗

4. 舂料

榨料→拣料→舂料→纸浆

1. 备料

砍竹：在旧历中旬小满节前后，将嫩毛竹砍倒，除去枝桠，背下山，堆放在场地上。

截断：将嫩竹用刀截断成约 6 ～ 7 尺长的段。

削竹：将截好的竹段，由工人用削刀将青皮削下，削下的青皮约有 1 分厚，放在日光下晒干，以备制造黄料之用。削下皮竹肉约占全竹重量的三分之二，按以下程序制造白料。

敲竹：将圆筒状的竹肉剖成片后用锤将节部击碎，并将竹片敲成裂痕，以便将来在煮料时易于吸收灰液。

水浸：将敲好的竹片打成捆，每捆约重 70 市斤，送到清水塘中，用水将竹中的一些水溶性杂质浸去，约经过 4—10 天的时间，即可自塘中取出，并将其表面粘着的污物洗净。

切断：把用水浸过的竹片用刀砍成 1.25 尺长左右的小段，再用竹篾扎成小捆，每捆约重 24 ～ 25 市斤，称为一"页"白料。

2. 煮料

浆料：将小捆的竹料用钩放到盛有新溶化的石灰浆的塘中，使竹片表面沾上一层乳状的石灰浆，然后提起沥干。普通每百斤竹料用石灰约 8—11 斤，石灰用量要视竹的老嫩程度而定。

堆置：将用石灰浆过的小捆竹料，有次序地横放堆叠起来，料堆上面用茅草盖好，堆二三天即可，此段工作当地称为"堆灰蓬"。堆灰蓬的目的，是使石灰浆很好地渗透到竹片中去，以便将来煮出的料均匀。堆灰蓬多在煮料用的镬旁进行，以便利于下步的煮料工作。

煮料：把堆置过的浆灰竹料，有次序地直立并列放在镬中，装完后，再加满清水（有时亦搀入一部分上次煮过后的废灰水），使浸没竹料，上面用茅草或厚木板盖紧，以免走气散热。每镬装满计有 500—600 页白料，约重 12,000～15,000 斤，需用水 5500～6000 斤。

料装好后，用大块松柴烧火，连烧五天五夜，无论日夜，不可间断。直至出镬的前一天，始可停止烧火，同时将废灰水放出，待镬中料冷后，即用人工搬出。每镬煮料一次耗柴约 3500 斤。

洗料：将自镬中取出的料，运至清水滩内，在流水内用人工翻洗，将料上的废灰水洗去，此段工作俗称为"翻滩"。把料一页一页地整齐直立排列起来，浸在滩内，只要放一层，不可以重叠。翻洗的方法是将一张小桌放在滩内，由工人将料页的篾捆拆松，先用清水浇洗，再把料页横放，用双手用力翻打，使料内的污水、灰渣等挤出，如此边洗边打以后，再将料页整理捆好，依旧放在滩内，隔两天再照前法继续翻洗。洗料时间一共要用十余天，开始时每天一次，以后隔三天一次，使料内的杂质洗净为止。洗好后，将料页自滩中取出，加以整理，再用竹篾缚紧。

3. 发酵

浸尿：将洗净的料页，放到尿桶中去浸人尿，或是放在桶口的搁板上，用人工将尿浇洒在料上。每镬白料要用人尿四担，过多则将腐烂过度，过少则料生硬。用浇尿法能使每页料吸尿浓度相等，但一页中内外不易均匀；用浸尿法一页中内外吸尿均匀，但先后浓度不等。

堆置：将浸过尿的料页，有次序地横放堆叠在一起，料堆的周围用茅草盖好，将四面保护好，防止日光晒在料上，一晒料即变黑。这样利用尿能促进细菌繁殖的作用，使料中的非纤维素物质起发酵作用，内部发热，使料熟烂，这段工作当地俗称为"堆尿蓬"。堆尿蓬的时间，须视气候寒暖而定，在春夏季要堆 7—8 天，冬季约 15 天。

浸洗：把发酵过的材料转移到料塘中去，直立地堆置起来，再放进清水，淹没料页，使料中的杂质溶解出去。用水浸泡，约十天至半个月，水色渐起变化，最初由黄变白，继而由白变红，最后由红变黑，水色变黑以后，说明料内杂质已基本除净，此时料色变白，质亦变软，即可取出进行下步工作了。

4. 春料

榨料：将料自塘内取出，放到榨上压去水分。

拣料：将榨干的料，每片折成四段，由工人将青丝、竹节、黄斑、粗筋拣净，以防损害将来成纸的品质。

春料：将拣好的料放在臼内，用人工以脚踏碓春碎纸料（参阅第三图）。春打的时候，最初由两人分工去做，一人踏着碓跳，使碓头跳动，碓头将臼内的料春碎，此人手里拿着一根细竹竿，在臼内拨动料，使其春打均匀；另一人则站在臼旁，帮助碓头把料一块块地捻碎，并且把粗筋剔出，等料块已春碎，方停止此项工作，再和踏碓的人一起合踏。普通每臼可容料 5 页，须春打五千余下。春碎好的纸浆即可用以造纸。

富阳一次蒸煮法制成的白料，纸浆的收获率对嫩竹来讲大约 8.5% 左右。其生产周期一般为 40—60 天。

（二）湖南浏阳二次蒸煮法

二次蒸煮法是各地采用最广的一种熟料法，在江西、福建、湖南、四川等省均有采用。此法的要点是将嫩竹先用水溶浸及自然发酵的方法除去一部分杂质如淀粉、色素等以后，再用石灰蒸煮除去一部分杂质如果胶、木质素等，最后再用碱液蒸煮将残余的杂质，主要是木质素除去。这样处理以后，所得的竹浆极为纯净，再用发酵方法稍加处理，纤维即很易离解；同时也很容易将其漂白。因此，用这种方法制得的竹浆多用以制造各种高级的文化纸如连史纸、贡川纸、大连纸及对方纸等。

二次蒸煮法在用石灰和碱液蒸煮竹料以前，多先将嫩竹用水浸溶和发酵方法制成麻丝状的竹料，俗称"竹麻"或"竹丝"，它是竹的维管束组织，用这种丝状的竹料蒸煮时，因其表面积增加，很容易渗透药液，因此蒸煮时间短且质量均匀；此外，晒干的竹麻便于储藏，可随时备用。但是，竹麻的制造费工费时，且不能利用竹的皮部，纤维损失很大，使纸浆的生产成本增高，为其缺点。江西、福建、湖南三省制熟料所用的嫩竹大都均是毛竹，这种竹茎粗、肉厚，制成竹麻在经济上尚合算，所以至今仍保留这种方法。但是，四川省制熟料所用的嫩竹大都是白荚竹，这种竹茎细、肉薄，制成的竹麻便不经济，而且处理亦不易，所以在四川二次蒸煮竹料时，多直接用竹片，经水浸后，即进行蒸煮，而不经过制竹麻的手续。竹麻除供手工造纸外，一部分可以供给机器造纸作为原料。

各省熟料的二次蒸煮法虽在程序方法上有些出入，但其基本程序均相似，原理亦相同。现在仅以湖南浏阳的二次蒸煮法为例加以说明，这个方法在蒸煮前先要把嫩竹制成竹麻。为便于了解，将此法分为制竹麻、石灰蒸料、碱液蒸料、发酵、漂白及碎解六个大程序，其流程图示如下：

1. 制竹麻

砍竹→截断→水浸→剥皮→捶散→洗麻→晒干→竹麻

2. 石灰蒸料

竹麻→洗料→灰浸→堆置→蒸料→洗料→拣选→浸洗→捶散

3. 碱液蒸料

碱浸→蒸料→洗料

4. 发酵

发酵→洗料

5. 漂白

漂白→洗料

6. 碎解

踩料→熟料竹浆

1. 制竹麻

竹麻或称竹丝的制造方法很多，普通依照自然条件、地理环境和设备情况等的不同，分为堆浸法、塘浸法和流浸法三种。

①堆浸法：此法系将砍下的嫩竹，就平地堆成一丈见方的方形竹堆，然后用竹管引长流水从堆顶上面冲注溅洒，这样的经过五十日以上，任其自然发酵，制成竹麻。这是一种最简便的方法，因之常为各地所普遍采用。湖南浏阳制造竹麻就是用这种方法。

②塘浸法：此法系于适当地点挖建池塘，将嫩竹堆入塘内，引水浸渍，任其自然发酵，制成竹麻。此法制出的竹麻，较堆浸法所得的品质为佳。但挖掘池塘，费工费钱，不如堆浸法简单易行，因之采用者较少。

③流浸法：此法完全依照河流的条件来决定，系选择河流中具有 U 字形的河套弯处，作为浸渍嫩竹的适宜场所，任其自然发酵，制成竹麻。此法最为简便，可省去挖池或引水的麻烦。但是由于合乎这些天然条件——弯曲河流——的地方不多，因之采用此法的也就很少。流浸的场所之所以要选择河流中 U 形河套地，乃是为了防备河水猛涨时，激流巨浪会冲走正在浸渍的嫩竹。

现在将浏阳所用的堆浸法制竹麻程序说明如下，至于塘浸法和流浸法因其原理和堆浸法全完相同，且采用者不多，因此从略。

砍竹：每年于农历小满节前后，在嫩竹生出一至二对枝时，将其砍下。

截断：将嫩竹的头尾用刀截去，截成 8～9 尺的筒。截后的竹筒依首、尾、中的不同，分别放开，以便于下步的处理。

水浸：选择一块水源长流不断的平坦地方，将其纵横排列堆积成一个 6～8 尺高的方堆，四周竖立木桩以防竹堆倾倒，堆上放一块平面石板于中央，用竹管导引流水向石板上不断地流滴，使水花四溅于满堆，这样水可浸透全堆竹身，经常日夜有一人看水，不使水一刻停流，如是堆积 40—60 天，进行发酵作用，验视其皮软肉松时，即行散堆。

剥皮、捶散、洗麻、晒干：散堆后，将竹的青皮剥去，用木棒或木槌将竹肉捶散成麻丝状，运到清水溪流中去洗。麻洗得要干净，因为竹中的淀粉等杂质在水中受自然细菌的发酵分解和空气的氧化作用生成一些粘臭的污物，一部分被水溶去，但难免有一部分要残留于麻丝上，所以要用手充分地搓散洗净，洗好的竹麻用竹竿挂起，在日光下晒干，打捆收藏候用或出售。

每百斤嫩竹用堆浸法可制成竹麻约十斤。

2. 石灰蒸料

选料：将竹丝麻取来分级散捆，选出黑碎的丝，仍然捆好，挑放到腌料塘边，准备下塘。

灰浸：先放水入料塘，水以离塘面 5 寸为度，将石灰放下搅匀，然后竹麻整捆的横置于塘内，使竹麻全部浸于石灰水中。石灰用量，每百斤竹麻用 100 斤石灰。料塘长 10 市尺，宽 6 市尺，深 5 市尺，每次可容 2000 斤竹麻。

堆置：落塘后的次日，即将竹麻取出，整齐地堆放在㸆甑的旁边地上，用稻草盖好，令其发热。天热时 3—5 天，天冷时要 7—10 天才能发热，堆置 3 天后要将上面的竹麻转到下面，下面的转到上面去，称为"转堆"，其目的在使石灰浆能很好地吸进竹麻里去。

蒸料：将已浸过石灰的竹麻装入㸆甑中，装时在料内留出几个气孔，然后烧火将锅内的水烧沸，进行蒸料。蒸的时间在冬天要三天三夜，夏天则只要蒸两天一夜。在熄火后，搁 1 天出甑。

洗料：将全部的料从㸆甑中取出，倾入漂洗池中，用铁钩钩着竹麻摆在流水口冲洗，再转入第二池，循环冲洗，直至石灰渣去净为止。如此工作需时 3 天。

拣选：竹麻虽经石灰蒸煮，其中尚含一根一根的老丝，没有蒸到的生丝以及皮壳等杂物，需要将其选择出来。在漂洗后，即将竹麻取出堆置在漂洗池旁，由工人精细地将杂物选择出来，每甑料（2000 斤竹麻）要 3 天才能选完。

浸洗：将选好的竹麻放在漂洗池中，用清水注满过夜，当地称之为"过夜水"。经过三池过夜水浸洗后，将黄水洗尽，然后将池水放干。

捶散：将竹麻一把一把地放在石板上，用木棒捶一遍，以便将成束的丝捶散，然后再扭成麻花形的小束。

3. 碱液蒸料

碱液蒸料：将为竹麻重 7%～8% 的纯碱放在煐甑的锅内，用水溶解，并加热烧开。一人立于甑内，甑外一人将麻束一把一把地传递，甑内人接受麻束，用铁钩钩起，浸到碱液中停 5—6 分钟，钩起，顺序堆于甑内的四周，中留一孔，四周尚需留出六个小气孔，堆至甑口，盖上木盖，加水于锅内，烧火加热蒸一昼夜，停火一日后出甑。

洗料：将蒸好的料自煐甑中取出，放入漂洗池内，用长流水不断地冲洗一天一夜，洗尽废碱液，直至不出黑水为止。

4. 发酵

用碱液蒸过的竹麻尚未十分熟烂，需要经过发酵使纤维离解。其法将洗过的料放在埋于地面下的大木桶俗称为"坐桶"中，用烧沸的水泡满，助其发酵，7 天后要转桶换水一次，发酵的时间，热天在 10 天左右，冷天约 1 个月。

5. 漂白

竹麻经发酵后已成纸浆，碎解后即可制造本色纸张，如要制造上等白色的纸时，须将其漂白。漂白的方法过去是采用日光漂白法，现在多改用漂白粉漂白。漂白在一桶中进行。先将漂白粉用水溶解，取其澄清液注入已洗净的纸浆中，加以搅拌，数小时后即可洁白，漂白后再用清水洗净即成。漂白粉的用量，每百斤纸浆约用 14～20 斤。

6. 碎解

用踩料法碎解纸浆，其操作法与上节生料法中所述相同。

用此法制造熟料竹浆，每百斤干竹麻可得纸浆 50 斤，对风干竹料来讲，收获率为 25%。

第六节 手工竹浆板的制造法

无论是用生料法或熟料法制得的竹浆含水分甚多，如要供应机器造纸厂时，运输起来很不方便，而且容易霉烂，因此，需要制成干的浆板，以便利运输和储藏。

一、制浆板需用的工具和设备

1. 大料桶：1只，木制的，高约2尺，口径约3尺。如无此木桶，利用旧抄纸槽亦可。

2. 定形木框：1只，是用5分方木条制成，内空，长2尺，阔1尺5寸，用以规定浆板的大小。

3. 修整木辊：1只，辊长1尺7寸，直径2寸。

4. 竹篾垫：20余块，用竹篾编成的长方形垫，每块长2尺2寸，阔1尺7寸。

5. 榨：1只，见本章第三节。

6. 烘房：为一间不通风的房子，天花板上面铺以4、5寸厚的稻草，于板上四周壁开几个气眼。在地下用薄砖砌成蛇形火道，一端接于室外火炉，一端接于火炉对门的烟囱，将板搁置在三角竹架上，浆箔则用竹竿多根横搁室内悬挂，俟搁置或悬挂完竣，即将室门紧闭，一室烘干，再换一室。

7. 其他：如和浆用棒，舀浆木勺等均甚简单。

二、制浆板的操作方法

将碎解的竹浆，放在大木桶或抄纸槽中，加以适量的水，水多则制成的浆板薄，水少则浆板厚，用木棒搅拌均匀，使竹篾内的砂粒下沉。先以竹篾垫一块填在榨上，再以定型木框放上，将大桶或纸槽中调好的竹浆，用小木勺挽上，以木辊将框内的纸浆堆成平整，将木框取下，再放上一张竹篾垫，如是一层竹浆，一张竹垫，如此叠至2尺高时，垫上加一块厚木板，放置于木榨上，用榨梁榨去水分，再一张张分开，平铺在草地上晒干，如无草的地方，可散铺有一层稻草的地面上，以免浆板染到泥沙，晒干后，可于榨上打成 50 斤一捆即成。在下雨的时候，即要用上述的烘房来烘干。用此法抄制竹浆板，每人每天最多可生产 260 斤。

有些地区制浆板不用上述方法，而是和用竹帘抄纸一样的方法来抄制，所用的竹帘比一般抄纸用者为粗，此法主要是为了迁就过去制迷信纸用的设备和劳动力，不如前述的方法来得简捷省工。

三、竹浆板的品质规格

竹浆板是机器造纸的原料，要求有一定的品质规格。

品质：（1）浆板要细匀，不能有一根粗筋；（2）纤维要纯净，不能夹杂一粒泥沙和其他杂质；（3）颜色要洁白，不能带有黄色或褐色或其他斑点；（4）每百斤干浆，要保证能造干纸 85 ～ 95 斤。

规格：长 1 尺 9 寸，宽 1 尺 2 寸，厚 4 ～ 8 厘；每张重 2 ～ 4 市两。

包装：每件重 50 市斤，合两件为一担，平装压紧，用篾捆扎，外面再以皮篾或笋壳织包，以免泥沙雨水侵入，损坏品质。

第七节　手工竹纸的制造法

手工制造竹浆的方法各地不同，但是，制造竹纸的程序则均大同小异。手工竹纸的制造过程可以分为打槽、抄纸、榨纸、烘纸和整理等五个程序。

一、打槽

打槽是将纸料放于抄纸槽的水内，用人工以棍杆将纤维结束打散，并使纤维在水中尽行伸张，而游离地悬浮在水中，以便进行下步的抄纸工作。

在打槽以前，先将已准备好的纸料投入槽内，纸料的数量要恰可供一日抄纸之用，可以一次或分两次加入，然后加入适量的清水，用圆饼荡子搅匀，即可开始打槽。用竹竿或木棒用力在槽中捣划，将成结的料打散，普通由两人在槽的对面两侧对打。打槽时间长短要视所制纸的种类而定。即制粗厚的纸时，所用时间较短，大约要打一个多小时。制细薄的纸时，所用时间要长，至少在两小时。如要调配其他原料于浆料内时，即可在打槽时加入。

打槽完毕后，用竹叉将成束的料捞去，然后由工人将有孔的竹片编成篾垫，置于槽内的料上，垫的四角，镇以石块以压下纸料纤维使其沉淀槽底，这步工作俗称"押槽"。在抄纸时，工人用荡子在垫上轻微地振动数下，使纸料纤维由篾垫孔中浮出于水面，再加入粘滑液，调匀后即可进行抄纸。

二、抄纸

抄纸是由工人手持帘床将帘插入纸槽的浆料内，然后捞起，使帘上过剩的浆料均匀地由帘面上流过，留着帘面上的浆料的水分大部分由帘缝漏下，如此纤维即在帘面上纵横错综交织成湿的纸页。

抄纸的方法有一人端帘与双人抬帘的区别。一人端帘的操作法又有一出水、两出水与四出水的分别。现在先谈一人端帘一出水法。此法是在纸料打好以后，用荡子稍微搅动，料即由垫孔溢出浮游于水内，加入粘滑液数瓢，再用双手持帘床两端，将帘从后（即近身方向侧）插入水中，端起向前一送，使帘面多余的浆料均匀地由帘面上流过，而送于槽内，如是帘面上即形成了一层纸页，将余水滤净，用右手从近身旁将帘自帘床内提出，然后轻轻地覆盖在榨上的填板上，用手在帘背轻轻拭一下，再将帘揭回，则湿纸已脱落而附于榨板上。将帘再放回帘床上，再如前法进行抄纸，将抄成的纸覆在上次的湿纸上，如此一张张地累积，在抄完一张纸时，抄纸人顺便拨动算盘，以记抄纸数目。等到一天工作完竣后，即将叠成的湿纸堆，送到榨上压去水分。一出水因浆料仅在一个方向由帘面上流过，纤维的结合力不强，制成的纸粗松而无韧力。浙江富阳用此法抄纸，每人每天可抄元书纸（长1.5尺，宽1.35尺，每百张重1.06斤）3500张（每2张为一帘）。

两出水法是将抄纸帘两次入水捞浆料，第一次向前流送，第二次向左流送，这种抄法，因为纤维在纵横方向均有分布，纤维结合力较强。四出水法是将抄纸帘四次入水捞浆料，第一次向前流送，第二次向左流送，第三次向后流送，第四次向右流送，如此抄法，则纤维纵横重叠交错结合，四角平整，紧密坚牢，制成的纸品质当比以上两种抄法为好，不过产量则要减少（第十图）。

第十图　抄纸

以上所述的各种一人端帘法中，一出水法不能抄较长的纸，二出水法和四出水法可以抄 4 尺长的纸，但不能抄较宽的，只有两人抬帘法，长宽可以自如，而有四出水法的优点。

两人抬帘法因两个抄纸工人站立位置的不同可以分为对立抬帘法和并立抬帘法两种。两人对立抬帘法，系由两个工人站立在槽的对面两侧共同抬帘抄纸，技术较高的一人称为"掌帘"，另外一人系协助"掌帘"工作的，技术较差，称为"帮帘"。在抄纸时由掌帘人掌握帘的动作，帮帘人则要随着掌帘人的手而动作。两人抬帘入水四次至六次以上不等。用这种方法抄成的纸，不但幅面大小合乎现代用纸的规格，而且纤维纵横交错紧密，纸面平整光滑。湖南浏阳用此法抄二贡纸（长 3 ~ 4 尺，宽 2 ~ 4 尺，每 100 张重 4 斤）每日共抄 700 张。

两人并立抬帘法，系由两个工人站在槽的一侧，共同抬帘抄纸，站在槽左边的人，称为"扛头"或"做纸"，技术较高；站在槽右边的人，称为"扛尾"，系扛头的助手，技术较差。抄纸时，先将帘自靠身侧插入，抬起时使水向前流送，抬平后使帘微微振动数下后，使余水由左至右流送，自帘尾流出。福建长汀用此法抄玉扣纸（长 4.15 尺，宽 1.85 尺，每 200 张重 12 斤）每日共抄 1400 张。

三、榨纸

纸抄成后，一张张地累积起来成一大湿纸块，因含大量水分，触手即烂，不能分开成张，必须用木榨压去水分。同时，在压榨以后，可以使纸表面平滑，组织紧密。

榨纸的方法是在每日抄纸完毕后，在纸面上盖一张旧帘，帘上再盖一块填板，在填板上加两三层枕木，将榨梁搁在枕木上，榨梁头便高高地跷起，就在跷起的榨梁头上，系一根粗的篾索或粗铁绳，剩下的篾索或铁绳套在滚筒上，一人用力拨动滚筒，绳索便渐渐卷在筒上，榨梁的头渐渐低下，被榨的纸块厚度也渐渐缩低，其中水分也渐渐滴尽。榨完后的纸块其中仍含水分约 60% ~ 70%。

在榨纸时，必须要注意开始时用力不可过大，因为湿的纸块内含水分极多，如开始的压力太大时，内中水分来不及滴下，便有使纸块破裂的危险，所以应该慢慢地压榨，用力要先轻后重，使纸块中所含的水分徐徐滴尽。

四、烘纸

湿纸虽经压榨，但尚未干燥，必须设法将其余水分除去。纸的干燥方法有晒干和烘干两种方法。晒干法大多在制粗纸时采用，此外在个别缺乏

第十一图　烘纸

煤、柴的地区如四川夹江造文化纸时也有采用的。但是，这个方法需时过长，且在下雨时即不能进行。而竹纸产地均在南方各省多雨地区，因此大都采用烘干法。

烘纸时，先将焙笼的壁烧热，然后用刷帚在焙笼上涂上一层薄的面粉浆，以使将来烘出的纸表面光滑。烘纸工人把纸块斜立在桌上，用竹摄或即用手指以轻巧的手法将纸一张张地揭开，用左手提起，右手用毛刷先将湿纸上端贴在焙笼壁上，用毛刷向上刷两下，然后以人字形动作由上而下地刷使纸牢固地贴附在壁上，由壁的一端依次贴至另一端。湿纸贴在壁上后，片刻即干，然后由烘纸人将每张纸揭起一角，依次地由壁上撕下，然后再刷贴第二壁，如是循环操作，将一日抄成的纸全部烘干后，即可进行整理工作（第十一图）。

揭纸和刷纸的工作均必须细心操作。揭纸如不小心即将纸弄破；刷纸时，用力要轻、要匀，否则力未到处，纸面将起皱。

五、整理

整理是造纸的最后一项完成工作。这项工作可分为拣选、理齐、榨紧、打件和磨光等步骤。

先把已烘好的纸，逐张看过，将破碎的、缺角的或有漏洞的纸都剔出，然后按一定张数放在一起理齐。如要求纸成品有一定的大小规格时，则须用刀将四边切好。将理齐或切好边的纸放到小木榨上榨紧，上下用笋壳覆盖。如不用刀切纸边时，则将理齐的纸用刨刀将纸边的毛刮去，再用磨石磨光。最后用竹篾捆缚成件，再加盖牌号，即得成品。

第四章 手工皮纸及其他手工纸的制造法

第一节　皮纸概说

皮纸是利用各种树皮的韧皮纤维制成的纸的总称。皮纸在我国各类手工纸中是历史最悠久的一类，远在东汉蔡伦发明造纸法时即已用树皮造纸，以后在东汉至唐末的一段时间内，我国手工纸所用的原料大多是采用树皮，当时许多纸都是用楮皮（即构皮）制成的，到了宋代，由于竹纸逐渐发达，皮纸在全部纸产量中所占的比重便日渐减少，然而供一些特殊用途的纸仍是要用树皮制造，直到现在，机制纸虽已日渐代替大部分手工纸，但因一些手工皮纸有其独特的制造技术，目前机器法尚不能生产，因此它在手工纸中仍占很重要的地位。

皮纸的产地分布甚广，我国南北各省或多或少均有出产，其中以浙江、安徽、贵州、陕西、河北、广西、云南、河南等省为主。这些省份中又以浙江生产的品种较多，技术也较高。

皮纸所用的树皮原料有桑皮、构皮、三桠皮、雁皮、檀皮及藤皮等数种，其中以桑皮及构皮用得最普遍。

皮纸的品种甚多，著名的有安徽泾县的宣纸，浙江的铁笔蜡纸原纸、打字蜡纸原纸（又名白绵纸）、桃花纸、桑皮纸，贵州、云南、陕西的白皮纸，广西的纱纸，河北迁安的高丽纸（又名红辛纸），河南的麻纸（系构皮制成的）等。

皮纸的用途甚多，如宣纸可供用作书画及印刷等艺术用纸；薄型皮纸可以用铁笔蜡纸的原纸、打字蜡纸的原纸、印刷铸铅版用的铸型纸、电气绝缘纸、电池衬纸等；其他皮纸可作制雨伞、制油纸、衬皮衣、糊窗、糊油篓、包裹金属器皿、水果包装、火药引线等等不胜其数的用途。

总起来讲，皮纸一般都是较高贵的，而且具有各种特殊的用途，目前不但能适应国内各方面的需要，而且有一部分出口，销售于苏联及人民民主国家。因此，各种特殊用途的皮纸是有着广阔的发展前途。但是，各种树皮原料一般均产量不多，使皮纸的增产受到原料不足的限制。因此，应注意大力培植树皮原料，以适应今后的发展需要。

第二节 宣纸的制造法

宣纸为我国古今著名的一种特产，而在国际上亦享有声誉，传闻创始于唐代。宣纸产于安徽泾县一地。宣纸的得名是因为泾县在古时属于宣州郡辖管，一般人称宣纸产于宣城，乃系误传。宣纸是我国手工纸中最名贵的一种，它具有许多优良的品质，如质地软而韧，颜色洁白，色泽经久不变，不怕水浸日晒，收藏时亦不被虫蛀，可以保存数百年而不坏，有"纸寿千年"的称誉。宣纸过去曾行销国内外，其主要用途为供书画家书联作画、木版套色印刷、珂罗版精印图片书籍等，此外多将其加工制成朱笺、虎皮、玉版、扇面、信笺等艺术纸。

宣纸的主要原料为檀皮与稻草。檀皮的纤维细长，如单独使用制成的纸韧性强而柔软，但因组织疏松，表面欠平滑，而稻草纤维细小均匀，故用以填充檀皮纤维间的空隙，使纸的组织均匀；表面平滑。

宣纸制造方法的特点是使用石灰和纯碱等弱碱多次蒸煮皮、草，并施以多次的日光漂白，这些作用均极为和缓，对纤维的侵害很小，而其中的非纤维素物质则经多次的蒸煮和漂白以后大部分均被除掉，所得到的纤维极为纯净，因此，制成的宣纸具有上述的耐久性等优良品质。

宣纸的制造程序极为繁复，总括起来可以分为制料和制纸两部分，而制料又可分为制皮料与制草料两部分。

一、制料

甲、制皮料

1. 制毛皮

青檀枝→砍枝→水蒸→水浸→剥皮→晒干→毛皮

2. 制皮胚

毛皮→水浸→灰浸→蒸皮→踩皮→堆置→洗皮→晒干→皮胚

3. 制青皮

皮胚→碱蒸→洗涤→晒干→撕选→摊晒→青皮

4. 制燎皮

青皮→碱蒸→摊晒→燎皮

5. 制皮料

青皮或燎皮→碱蒸→洗皮→榨干→选皮→打皮→切皮→踩料→洗料→皮料

乙、制草料

1. 制草胚

稻草→选别→捣草→水浸→灰浸→堆置→洗涤→晒干→草胚

2. 制青草

草胚→抖草→碱蒸→洗涤→晒干→撕选→摊晒→青草

3. 制燎草

青草→碱蒸→冲洗→摊晒→燎草

4. 制草料

燎草→鞭草→洗料→榨干→选草→踩料→洗料→草料

二、制纸

甲、配料

皮料／草料→配料→漂白→打槽→滤干→纸料

乙、造纸

纸料→调料→抄纸→榨纸→烘纸块→浇水→烘纸→毛纸

丙、整理

毛纸→选纸→剪纸→包装→宣纸成品

一、制料

甲、制皮料

1. 制毛皮

每年在旧历十月至次年一二月间，将青檀树的二年生枝条砍下，束成小捆，放到水锅中去蒸熟，取出后放入水中浸泡，用人工将皮剥下，晒干后，打成捆，每捆约 50～70 市斤，即成为"毛皮"。

每一百市斤青檀枝条可剥得毛皮 8～12 市斤。

2. 制皮胚

将毛皮放在水中浸约十二小时后，用人工将其理齐，扎成重约 1.6 市斤（风干）的小支，进行浸灰。

每一百斤皮用石灰 50 斤，以水溶化石灰于大的浅木桶中，用带铁钩的木杆将毛皮按支挑入桶中，浸一下，使其饱吸石灰乳，随浸随取，然后堆于桶旁。堆置的时间，热天约 17 天，冷天约 40 天。

将堆置的毛皮移入煌甑中，直立地放好，用火将锅内水加热，蒸约 10—12 小时，俟蒸气自甑口四周冒出时，即可停火，经一夜后，将皮取出。放在甑外的坡形石上，由工人穿上底带钉的鞋，将黑色外表皮踩松。然后再堆置起来，使其发酵以除去一部分非纤维素物质，堆置的时间为 4—10 天，视气候寒暖而定。

将堆置过的皮，搬运至活水塘，在缓缓的流水中，由工人用手将皮上灰渣洗去，再将皮放在河底，经流水冲洗一夜后，取出放在板凳上，用手将黑色外表皮及灰渣脱去。将洗净的皮运至山上石摊上晒干，即成为"皮胚"。

石摊是晒料及进行纸浆日光漂白的地方，系在山坡上除去一层土后，用碎石铺平，以免在摊晒时料不致被泥土沾污。

每一百斤毛皮可制得皮胚 42～47 斤。

3. 制青皮

将纯碱放入熿甑内的水中，加火烧热，用铁钩将一把一把的皮胚浸入热碱液中，数分钟后取出堆在甑内，加火蒸十二小时，停火后次日取出。每一百斤皮胚用纯碱约 15 斤。

将整好的皮胚，送至河中，冲洗约一小时，将废碱液洗去。将洗净的皮运至石摊上晒干。干后取下，进行撕选。撕选时，先将皮浸湿，由女工撕成宽约 4～7 公厘的窄条，每人每日可撕皮 40～50 支，同时将有斑点的皮、黑皮、老皮选出。

将撕成窄条的皮运至石摊上，均匀地将皮铺开，进行日光漂白。经 1—2 个月的雨淋日晒，皮的表面逐渐变白，将皮翻转过来，再进行 1—2 个月的日光漂白，至皮的两面均呈白色为止，如此即得青皮。

每一百斤皮胚可制得青皮约 65 斤。

4. 制燎皮

将青皮用碱液再蒸煮一次后，再进行一次日光漂白即得燎皮。碱蒸时，每百斤青皮用纯碱 9 斤。日光漂的时间比制青皮时略短些。

每一百斤青皮可制得燎皮 85～90 斤。

目前宣纸的制造程序将檀皮制成青皮后，即去制皮料，而不经过制燎皮的手续。

5. 制皮料

将青皮或燎皮再用碱蒸煮一次除净其非纤维素物质即得"下槽皮"。

用碱量：青皮为 2.5%（以风干皮计），燎皮为 2%。蒸后的皮挑至河水中，将皮挂在竹竿上，用手在水中摆洗，将皮上的灰渣洗净，然后放到木榨上榨去水分。再用人工将皮料中的污斑、黑皮及其他夹杂物仔细地选出，每人每天可选风干皮料约 40 斤。

将选好的皮料运至打皮室，用人力碓或水碓锤击成饼状皮条。打皮所用的碓系以黄檀木做碓头，用平板麻石作成磨齿，在打皮时，将皮放在此石板上，而不用臼。一人在碓下翻调皮饼，打成每块约重 1.25 斤（风干）的皮条。每个水碓在 12 小时内约可打成皮条 30 个。

切皮用一个长方形的木盆，其上放有一块厚木板。将打成的皮条20～30 块置于厚木板上，用竹片将皮条压着，两端用绳系紧。切皮的人坐在厚木板上，用两脚踏绳，将皮条压紧，然后用长刀将皮条切成碎块。切皮的目的是避免因纤维过长，结绞成束，使纸上出现疙瘩。

将切好的碎皮块放到一个埋在地下的缸内，以适量的清水调合后，由工人用脚将皮块踩碎。踩料的时间约为 1 小时。

将踩过的皮料，装入一个麻布袋内，袋中并放有一根圆头木扒，袋口紧扎于扒柄。将袋放入河水中，由工人用力以木扒搅拌袋内皮料，使料内的灰液为流水冲去，直至袋内挤出的水不是白色污水为止。洗料的目的是将皮料中的残留灰渣除去。洗净后的皮料即可与草料配合在一起造纸。

乙、制草料

1. 制草胚

稻草亦为宣纸的重要原料，按泾县的经验，制宣纸所用的稻草必须采用砂田产的。砂田产的稻草制成的纸洁白、柔软且拉力强，而泥田产的稻草则不然，制成的纸呈褐色且拉力差。

每年秋收之后，收购砂田产的稻草，脱去脚叶，用刀割去草穗，将其束成小把，用脚踏碓将稻草舂裂，草节亦被舂碎，再扎成约二市斤重的小把，将 38 把稻草扎成一捆。

将草捆放入缓流的河塘底上，用石头压住，将草全部浸入水中。浸泡的时间，热天要7—8天，冷天要30—40天。

将水浸过的稻草由河中取出，浸以石灰水，每百斤稻草用石灰50斤。先在浅木桶中，用清水将石灰溶化，搅成乳状，用带钩的竹竿挑取草把，投入桶内浸泡，使其吸收石灰乳，随浸随取，并将用灰浸过的草堆置起来。堆置40天后，再进行翻堆，使底部的草与上面的对调，内部的与外部对调，又经过四十日的堆置，用钩将草把运至河内，洗去灰渣，放在草地上晒干后，即成为"草胚"。

每百斤稻草可制得草胚约70斤。

2. 制青草

将草胚用人工抖松，脱掉附在其上的石灰渣，然后每二斤扎成一支，每四十支扎成一捆。用碱液进行蒸煮草胚，每百斤草胚用纯碱五斤。先用一个浅木桶将纯碱放入用清水溶化，将草胚浸入，随浸随取，堆于桶架上，滤去余液，再放入熿甑去蒸。蒸草的手续与制皮胚同，待锅顶四周蒸汽均匀透出，即可停火。待甑内草料冷却后，取出堆置水塘边，用清水浇洗，将废碱液洗去，运至石摊上晒干。

晒干的草取下山后，由女工用手将草块撕开，抖去灰渣，做成扇形的草块。再运至石摊上铺开，进行日光漂白。经一二个月时间的雨淋日晒后，草面微呈白色。将草翻过来。再进行一二个月时间的日光漂白，即得"青草"。

每一百斤草胚可制得青草约68斤。

3. 制燎草

制燎草的方法大致上与制青草相同，也分为碱蒸、冲洗、摊晒等程序。蒸青草时的用碱量为每一百斤青草用纯碱5.5斤。碱蒸后进行浇洗，然后摊晒进行日光漂白，先经二个月的摊晒后，再翻过来摊晒一个多月，即得"燎草"。

每一百斤青草可制得燎草80斤。

4. 制草料

将晒干的燎草放于木桌上，桌面系用带孔的竹篾编成，工人用细木鞭子打燎草，将石灰渣子脱掉，此时一些细小纤维亦随之飞散，这一程序燎草的损失率达20%。鞭打后，将草卷成2.5斤重的一卷。将草料放在竹筛内，工人用双手将竹筛放入水中，轻轻地将灰渣洗去。洗过的草料用木榨榨去水分，再用人工将草料中的黄筋、穗叶和未晒白的草料仔细地挑选出来。

将选好的草料进行舂料。舂料的工具为水碓或脚踏碓。将草料放入臼内，用碓舂打。每臼可容干草料50～60斤，每舂一臼需时12小时。舂好的料放到缸内，由工人用脚将其踩碎。再将踩碎的料放到麻布袋内，在河中去进行洗涤。洗草料的方法与洗皮料相同。

综上所述，每一百斤燎草制成草料约为43～45斤，如折算回去，每百斤稻草制成草料约为19～20斤。

二、制纸

甲、配料

将制好的皮料及草料按一定比例放在木盆中，下层为草料，上层为皮料，两者不相混合。皮料与草料的配比随所制宣纸的种类而不同，目前宣纸的皮料与草料的配比大约为3：7。

皮料与草料虽然经过日光漂白，但颜色的白度仍嫌不够，而且全部颜色亦不一致，因此再用漂粉精去补充漂白一次。漂粉精先用水溶解后，即加入木盆的纸料中，搅拌均匀后，静置约2小时，纸料即转变成一致的雪白色。漂粉精的用量，每一百斤纸料用1.21斤。

将每槽一日所用的纸料量分为二份，分别加入槽内水中进行打槽。打槽方法和制竹纸时相似，不过用人较多，一般用四个人合力搅打。待打至一定程度时，出少量纸料放于碗中，用清水冲稀，以竹筷搅拌均匀后，用眼验看，如水中无结成束的纤维，打槽即告完成。全部打槽时间为1.5小时。

打槽完毕后，由二人用细麻布袋将纸料自槽内捞出，压去水分后，放入储料缸中备用。

乙、造纸

将适量的纸料加入槽内清水中，用木扒搅匀，再加入洋桃藤粘滑液混合均匀后，即进行抄纸。

宣纸的品种甚多，尺寸规格不一致，因此所用抄纸工人的数目亦随之不同。普通四尺、六尺宣纸均由二人共抬一帘抄纸，八尺宣纸需由四人合抄，"丈二匹"宣纸需由六人合抄。目前制造的宣纸均为四尺或六尺长的，八尺及丈二匹的宣纸则已多年未制造。今仅将普通四尺、六尺宣纸的抄造法介绍如下：

两个抄纸工人在槽的对面站立，掌帘人站在槽右，帮帘人站在槽左，二人抬帘，先将帘以内高外低姿势插入槽中，抄起一部分浆液后，抬起微微摇动，然后将帘以内高外低姿势，使多余浆液自帘尾流出。然后再以外高内低姿势插入槽中，抄起一部分浆液后抬起稍微摇动数下，即将帘以内高外低姿势，使多余浆液急速地自帘尾流出，如此一张湿纸即已抄成。由掌帘人以落帆式将湿纸移至榨板的湿纸块上，然后将帘提起，再放入帘床中进行下次的抄纸。如此抄至 120～130 张时再加料一次，经搅拌均匀后再行抄纸。如此每日每帘平均可抄四尺单宣 1300～1400 张（工作时间为12 小时），每日需用洋桃藤枝 12 斤（冷天）至 19 斤（热天）。

每日抄完纸后，即将纸块放在榨上，进行压榨，约 1 小时半即成。纸块经压榨后，其中尚含有粘液，使纸不易分开，必须将纸块加热使粘液的胶性消失。烘纸块的方法，系将纸块放在一浅火坑的铁棍架上，经 2 小时一面干燥后，再用少量水淋湿，使纸块各部分含水均匀一致，烘至一定程度后，放在焙房内将纸块烘至全部干燥为止，如此需时 2—4 天。如用日光晒干 3 天亦可。

纸块经脱去粘性后，用清水将其淋湿至适当程度，以便一张张地揭开去烘干。烘纸的方法与烘竹纸同。每条焙笼由二个工人操作，每日可焙 4

尺单宣 1400 张，每日耗柴 500 市斤（热天）至 700 市斤（冷天）。

丙、整理

将烘干的纸送至选纸间中，经过秤及点数，由看纸人将纸放在台上，一张张地翻看，如遇破张及其他纸病随即拣出。

将选好的纸，用大剪刀将纸边剪齐，使纸的大小合乎规定标准。

数分 100 张为一刀，在纸边上加印各种字号，每刀外附一有色包装纸一张，折成一卷。然后将纸卷按一定刀数用麻绳捆好，放到干木榨上榨紧，再用竹篾编成篓作为包装，即为成品。

从整个宣纸制造过程来看，它的生产周期过长，长达 8 个月至一年；且原料的收获率过低，檀皮的成纸率仅为 22%，稻草的成纸率仅为 19%。生产周期之所以过长，主要是因为在生产过程中将近半年的时间花在日光漂白工序上。原料收获率之所以过低，主要是因为在制料过程中使用石灰，大量的石灰渣附着在料内很难除尽，许多工序如洗料、抖草等等几乎均是为了除灰渣，而在这些过程中造成纤维大量的流失。因此，如何运用科学方法来改进宣纸制造方法的落后部分是急待研究的，不过在研究改进时要注意保留宣纸在品质上的特点。

第三节 薄型皮纸的制造法

薄皮纸是手工纸中技术最高的一类纸。这类纸的品质要求薄而强韧，组织均匀，纸内不得有粗筋（即纤维束）及其他杂物。制造这类纸时，以手工将长纤维抄成纵横交错均匀的薄型纸，是目前机器造纸法所达不到的。这类纸由于它的优良品质可以作为各种特殊用途。

薄型皮纸在我国手工纸中历史最短，这类纸的制造法系由日本传入的。日本是世界上产薄型皮纸最发达的家国，过去曾长期垄断国际市场。我国开始制造这类纸是在 1918 年，以浙江勤业蜡纸厂为最早。解放后，制造这类纸的工业得到很大的发展。主要产区是浙江的温州、衢州、杭州、遂昌、龙游等地，贵州、江西、福建等省亦有少量出产。薄型皮纸产量最多的一种为铁笔蜡纸原纸即油印用誊写蜡纸的原纸，俗称蜡纸胚。经过加工上蜡以后即普通常见的铁笔蜡纸。过去我国所用的铁笔蜡纸及其原纸主要均靠日本输入，但现在我国生产的铁笔蜡纸及原纸已完全自给，在品质和制造技术上均已超过了日本。此外，另外一种薄型皮纸——打字蜡纸原纸（又名白绵纸）在近年来也得到很大的发展，目前这种纸不仅畅销国内，且有一部分外销于苏联及各人民民主国家。因此，薄型皮纸工业是值得我们重视的。

甲、铁笔蜡纸原纸

一、原料：铁笔蜡纸原纸的原料在我国都是采用雁皮（俗称为山棉皮），因该皮的纤维细长，性强韧，有美丽的光泽，用以制成的纸具有金属响声的特点，最适合于制造铁笔蜡纸原纸的要求。此外，三桠皮的纤维亦长而柔软，虽亦可制造较强韧、平滑的薄型皮纸但不如上述雁皮所具有的特点，因此采用得很少，即采用也只是掺入少量于雁皮浆中共同抄纸。

采取雁皮是产地山区农民的一种副业。在秋天雁皮的灌木落叶时，将干及枝砍下，预先放在水中浸一天以后，加火用水蒸煮以使皮与干分离。用人工将皮剥下，并将皮面的大部分黑色表皮刮去，晒干后打成捆，即为制纸用的雁皮原料。

二、制造方法：铁笔蜡纸原纸的制造过程可以分为制浆与造纸两部分来说明。

A、制浆过程

铁笔蜡纸原纸的质量要求很高，纸面上不得有粗筋、黑点及其他杂物存在，因此要求制出的雁皮浆应非常的纯净。但是，通常在雁皮的表面上均残留有黑褐色的外表皮俗称为"皮壳"以及附着在韧皮上的胶质，这些东西在蒸煮前必须将其除净。一般处理的方法都是用人工去刮皮和拣选，这是制浆过程最费人工的一个程序。但最近浙江某国营蜡纸厂已创造出一种雁皮的"化学脱胶法"，用此法代替刮皮后，使纸浆收获率增加了10%，制原纸的劳动生产率提高了47%。现在将一般雁皮制浆方法介绍如后。

雁皮→水浸→刮皮一拣皮一洗皮→蒸煮→洗料→打浆→纸浆

1. 水浸：将干燥的雁皮原料分成小捆，放在水中浸泡约12～15小时，使皮吸收变软而便利于下步的刮除外皮工作。

2. 刮皮：刮皮又称为刨皮，是由工人用小刀将每条皮上残留的黑色表皮、虫痣、伤斑及两面粘附的污物刮去。

3. 拣皮：经刮皮程序后的皮条上，倘有未能刮净的节疤，主要是皮钉（即生枝叶处）、虫痣及外伤斑点，这些节疤因组织紧密，蒸煮时不易透，打浆时形成小点或粗筋，有害于成品量质量，因此必须彻底除去。除去法是由工人逐条检查后，用剪刀割除，同时并按皮的老、嫩情况分成等级，以便按照其不同品质，分别进行处理。

4. 洗皮：将拣好的皮料放到流动的水中，洗去粘附其上的污物。

5. 蒸煮：雁皮韧皮部的化学成分根据前浙江化工试验所测定的结果为：水分9.61%，冷水浸出物18.8%，1%NaOH浸出物38.77%，木质素7.24%，失水戊醣16.1%，纤维素43.4%，灰分2.38%。所以，雁皮所含木质素较少，蒸煮时较为容易。常用的蒸煮剂为苛性纳（NaOH，俗称烧碱）及纯碱。所用的蒸煮器有常压及加压两种。常压蒸煮器为一圆桶形开口锅，底部放有木格，使皮料放在其上不与锅皮相接触，以防将皮烧焦。在蒸煮时，系将锅放在灶上，直接用火加热。加压蒸煮器按加热方法的不同分为直火加热和通气加热两种：直火加热的加压蒸煮器，为一由钢板制圆筒形的密闭锅，锅盖上装设有温度计、压力表、安全阀及放气阀等，亦放在灶上直接用火加热。通气加热的加压蒸煮器常用的即普通机器造纸厂所用的蒸球（在第七章中将有详细介绍）。目前各厂多用前一种。

在蒸煮时，先将配好的碱液放在蒸煮器中加热至沸，再加入皮料，用铁杆搅拌使皮与药液混合均匀，然后加上锅盖密闭起来，加火去蒸煮。在进行加压蒸煮时，必须控制火力，按规定的操作温度、压力进行蒸煮。蒸煮时的用碱量：一百斤干皮在常压时需用苛性钠11斤，在加压时需用6.5

斤。蒸煮的时间：常压时为5—7小时，加压时约为4小时。

6. 洗料：皮料蒸煮完毕后，立即自锅取出进行洗涤。洗涤时将皮料装在竹筐内，放到木制水槽中，引清水以人工摆洗，洗至水清为止。

7. 打浆：皮料经蒸煮后，纤维组织虽已松散，但尚未完全分开，必须进行打浆将其疏解成单纤维。打浆所用的设备目前大都使用打浆机。

B、造纸过程

纸浆→匀浆→抄纸→压榨→烘纸块→浸纸块→烘纸→拣纸→切纸→铁笔蜡纸原纸

1. 匀浆：为了保证抄成的纸均匀，必须将纸浆彻底分散成单纤维。匀浆通常在摇摆桶中进行。摇摆桶为一立式长方形木槽，槽底为半圆形，两端各钉一柱，横架一齿形木耙于槽中，将纸浆置于槽内，加水稀释，工人分立于两旁（每边一人或二人），两手紧持摇棒，互相往返施力，木耙即循桶底而左右摇摆，纤维为耙条搅捣，即得到充分而均匀的离解。有的工厂在使用摇摆桶时，改用电动机摇动来代替手摇。

2. 抄纸：抄纸在制造铁笔蜡纸原纸过程中是最关紧要的一个工序，因为这种纸的要求很高，必须要厚度适当、组织紧密均匀、拉力大、纸面光滑，以便于达到上蜡容易、刻写流利而不破、耐印次数多等使用目的。由于手工抄纸完全凭工人的技术熟练程度，所以操作方法的好坏直接影响成品的质量。

抄纸方法由于使用帘子种类的不同，可以分为小帘及大帘两种操作法，兹分述如下。

（甲）小帘操作法

小帘的幅面为880×460公厘，抄成纸的大小相当于三张铁笔蜡纸的大小，因此又称为"三开帘"。小帘系由细竹丝以蚕丝编结而成，帘丝的密度为每公分21根，每根竹丝的直径为0.31公厘。小帘所用的帘架为木制，帘架内的挡系用笔直的铜丝。用小帘抄纸所用的槽系由15公厘厚木板制成，其大小长为17公分，宽83公分，深28公分，槽口至地面高110

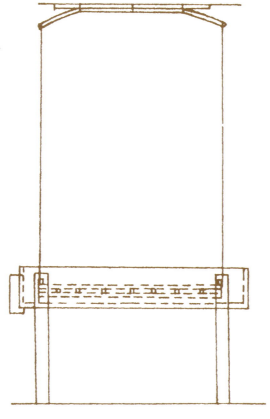

第十二图　小帘帘架装置图

公分。帘在操作时系将帘架系在两根绳上，此两根绳直立地平行悬挂在固定屋梁上的一条扁竹竿的两端。由于竹竿的弹性，在将帘自槽内提起时可以省力。第十二图即为小帘帘架的装置图。

　　小帘抄纸操作可以分为两个步骤：①配料及②抄纸与覆纸。

　　①配料：在抄纸时，纸浆的稠度与粘料的浓度大小对纸成品的质量有很大的影响。每次加入槽内的纸浆必须适量，如过多，抄成的纸将厚薄不均且欠紧密，一般每次所加的纸浆以够抄 10 ～ 12 帘为适宜。最适宜的纸浆稠度经测定为 0.22%。

　　由于铁笔蜡纸原纸是用长纤维抄成的薄型纸，要使长纤维而均匀地悬浮在水中而不结成束，粘料的作用在抄纸操作便具有特殊重要的意义。粘料加入的多少对于纸的质量影响很大。粘料过多，不但抄纸时纤维难于上帘，且造成纸块保留过多的水分，增加了起帘、覆帘、揭帘等困难，易产生流料、纸缩、皱等毛病。反之，粘料过少，滤水过急，料虽易上帘，但造成纸面不光滑、组织松而成废品。粘料加入的多少完全凭工人的经验，根据浆料的性质及气候寒暖而定。

配料时先把纸浆用木棒搅打得疏散均匀，再加入粘料，然后再打，使浆料与粘料充分地混合均匀。这段操作在工厂中俗称为"洪槽"。

②抄纸与覆纸：抄纸操作俗称为"打浪"。所谓"浪"即是在抄纸时浆液在帘面上流过一次。浪可分为直浪、横浪与斜浪三种。直浪系指浆液在帘面上自前而后或自后而前地流过，前者又称为"前浪"，后者又称为"后浪"。横浪系指浆液在帘面左右方横向流过的浪。斜浪是介于直浪与横浪方向之间的浪。每抄成一张原纸约需打 30 ～ 40 浪。

在开始打浪时，头几浪应先打斜浪，浪要打得急而小，又要平稳到角，斜浪要分左右均匀地打（一般左右要各打四、五斜浪），然后再打较缓和的前浪（约十余浪），前浪打好后，再打后浪。在打后浪时，浪头应稍大一些，缓和一些（约十余浪），后浪打好后，再回来打前浪，此次前浪应稍带有横浪，约五六浪后改为不带有横浪的直浪（约五六浪），浪头缓和，使大部分水集中于额头边沿，然后进行倒水。

浙江衢州专署工业局曾将这种抄纸打浪法总结成以下 8 点，今详细说明如下：

（1）先急后缓：起初几浪应打得急些，以后几浪应打得缓些，先急可使粗筋不易停牢，打下纸层的良好基础，后缓能增加纸的厚度，并能使纸厚薄均匀。

（2）平稳到角：使帘面的水平坦均匀地流过全部帘面，使纸的厚薄均匀。

（3）先小后大：是指起初几浪应小些，以后几浪应大些。

（4）浪浪分清：是指打浪时，浪与浪之间应一个接着一个，不使中断，不使混乱，免除浓料堆积，以求全张厚薄均匀。

（5）先斜后直：打浪时先打斜浪后打直浪，使纤维交叉紧密，以增加横拉力，减少花纸，减少粗筋。

（6）斜分左右：打斜浪时应左右均打，不可偏于一面，主要是使全张厚薄均匀，减少粗筋停落的机会。

（7）倒水集中：在要倒水时，使帘面的水大部分集中起来，增加倒水压力，减少粗筋停留，增加纸面光滑。

（8）集中在前：倒水集中时，应将水集中在额头沿，增加倒水力量，使粗筋容易倒光。

所谓覆纸即是将帘上抄好的湿纸移到槽旁榨板上的湿纸堆上去。在纸抄成后，如发现纸面上有粗筋，应立即细心地用钳将其移去。起帘时要慢而稳，帘子伸直时，立刻提住额头，不使帘子摇动，以免流料及水滴上纸堆。覆帘到纸堆上去时，要放得正，以免起泡、打皱等纸病发生。为了便于烘纸时剥离纸块，需要折额头。折额头要在覆帘时进行，将额头稍向前俯微揿之，轻轻地一揭即成。揭帘时要慢，以免产生打皱、缺角等纸病。

如此操作每个工人用小帘抄纸每日可抄原纸 320 ～ 360 张。粘料的消耗随季节而不同，例如，洋桃藤在春秋季每槽每日约消耗 18 ～ 20 市斤，冬季则只消耗 7 ～ 8 斤。

（乙）大帘操作法

大帘在手工抄纸帘中是较进步的一种。此种帘系日本发明的。由于大帘的劳动生产率高，抄成的纸质量好，现在浙江各厂均在推广使用这种帘。

大帘的幅面甚大，一般相当于普通蜡纸大小的 5 ～ 6 倍，常用的六开帘的大小为 1748×522 公厘。其构造亦与一般抄纸帘不同，主要为一张较粗的竹帘上铺上一张丝绢。竹帘丝的密度为每公分 10 ～ 11 根，帘丝直径为 0.075 公厘。丝绢系普通面粉厂筛粉用的绢，其规格为每英寸有 10 孔，绢上并涂以柿漆，以防绢丝在操作时遇水引起膨胀。

大帘的帘架亦与寻常不同，如第十三图所示，系由两个用洋松制的木

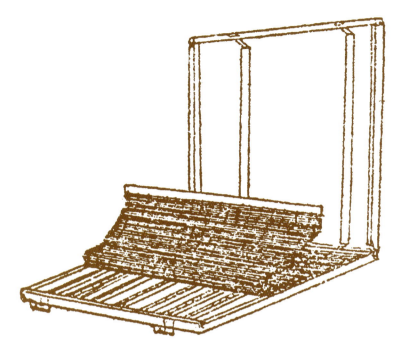

第十三图　大帘

框上下组合而成，两框之间用金属合叶钉连在一起，上框上有两个突柄，以作抄纸工人两手紧握之用。下框内嵌有许多平行的木杆作为帘挡，以作为支持帘之用。为了减少帘与挡的接触面积，以防止纸面生厚薄，在帘与每个挡之间隔以铜丝，此铜丝系用黄铜制成，用几个小的紫铜丝脚作支持物，将铜丝架在每个木挡上。上下两框并安有两个铜钮，以便在两框合在一起时，用以扣紧。在两个突柄中心系有两根绳，用此绳将整个帘架悬吊在两条竹竿的一端上，每根竹竿的另一端系固定在屋梁上，如此在抄纸时可借竹竿的弹性以节省人力。第十四图即为大帘帘架装置情形。大帘的帘架系由 19 公厘厚的木条组成，框长 1750 公厘，宽 53.5 公厘，上框深 27 公厘，下框深 24 公厘。

大帘抄纸用的槽系由 30 公厘厚的木板拼合而成，长 228 公分，宽 83 公分，深 36 公分，槽口距地面高 110 公分。

大帘抄纸的操作亦分为①配料及②抄纸与覆纸两个步骤。

①配料：操作方法基本上和小帘相同，只是在打槽时系用马锹以手摇

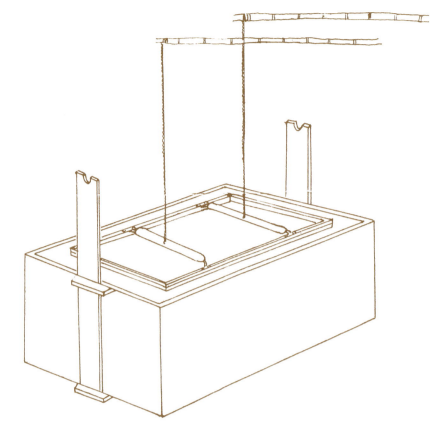

第十四图　大帘帘架的装置图

散纸料。马锹的形状如第十六图所示，为一木制圆杆下面有用数个成排的薄竹片制成的栉状物，将圆杆两端架在槽口上，由抄纸工人用手握圆杆，使其前后激烈地摇动，成排的竹片便将纤维打散开。

　　②抄纸与覆纸：大帘抄纸的打浪方法与小帘抄纸完全不同，由于大帘的帘架系由两个木框组合而成，每次抄纸时进入帘面上的浆量远比小帘为多，纸浆可以在帘上不止一次地前后或左右流动，亦即进料一次后，可以打几个浪，不像小帘进浆一次后，只能打一个浪。大帘抄纸时，由于浆液在帘面上的水位较高，压力较大，因此成纸的紧度较小帘为大。又大帘打浪时，横浪次数比小帘多，故大帘的纵横拉力差比小帘为小。

　　大帘抄纸的动作可以分为三个步骤：①开始的几次汲水；②起横浪和双浪；③倒去帘框内余水。兹分述如下：

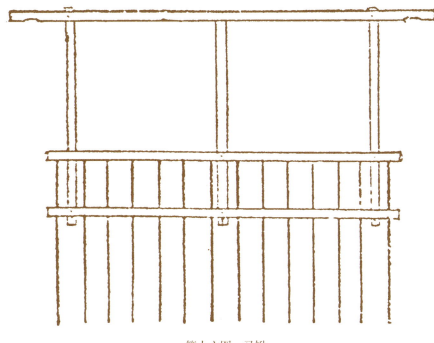

第十六图　马锹

①开始的几次汲水：抄纸工人用双手握住帘架柄中间，在靠近身处把帘架插入槽内，汲取浆液上帘，浆液上帘后，将帘架向后仰起，使水由前面出去，水刚到前面时，两手向靠身处把帘架拉一下，使水向帘架外面出去一些，剩下的水还回来的时候要急，还浪与进浪能碰头，不使帘面干燥，因为在开始的空白绢帘上打浪时，滤水速度快，这样做的目的是使粗筋、黑点不易停留在帘面上。如此连续地汲水打直浪三次。

②起横浪和双浪：在第四次汲水时，汲上帘面的浆液要多些，两手将帘架持平，立即起横浪，浪要急，因为帘架长，帘中间的浆液振动少，粗筋容易停留。横浪能增加纸的横拉力。横浪打好后，立即转打双浪。所谓双浪是指浆液在帘面自前而后和自后而前不断地往复流动，也就是前浪和后浪交替地进行。双浪起得要急，而依靠双浪的水压力来光滑纸张，使纸张紧密结实，因为浪急纤维不易停留在帘面，为了能增加厚度，必须增加打浪的次数。

③倒去帘框内余水：当估计帘上的湿纸已达到适当的厚薄时，停止打双浪，把浆液还到靠身处（额头）碰二三下，使额头处的纸层略为厚些，以便于将来的揭纸。然后将帘架向前倾斜，把水向前方推去，推时要用力，将纸表面的粗筋、黑点推去，使纸面光滑、组织紧密。当水流到前面时，可以略为慢些，因为前面的纸较不结实，以此动作来弥补。倒去余水时要轻，要将水倒净。如此一张纸即已抄成，把帘框打开，将帘取出进行覆纸。

覆纸的方法与小帘的操作法相同。

大帘抄纸每个工人每日可抄约 300 帘纸。

3. 压榨：每日抄完纸后，将积叠起的纸堆放在槽旁的小木榨上进行压榨。为了除去更多的水分，可在小木榨榨完后，再放到螺旋压榨机上去榨。榨纸时用力不可过急，否则由于水分一时不易滤出，将纸块压破而成废品。

4. 烘纸块：纸块经压榨后，其中一部分粘液仍存在其内，如马上进行揭纸，所得到的纸易花，必须先将纸块烘晒干燥，去掉其粘性。烘纸块多放在焙纸室内利用焙笼的热去烘干。此外，也可将纸块架在室外用日光晒干。烘纸块的时间为 15 小时，晒纸块的时间则需一天。

5. 浸纸块：为了便于以后的揭纸并除去纸块中所含的杂质，将干后的纸块放到清水槽中用水浸湿。浸纸块的时间为 6 小时。

6. 烘纸：烘原纸的设备为砖制焙笼，长 1400 公分，宽 25 公分，高 190 公分，每日燃柴 140 公斤。

烘纸时由工人将斜放在木架上的湿纸块用手轻轻地将一张张湿纸揭开，然后用羊毛刷将每张纸贴在焙笼壁上去烘干。每个工人每日可烘小帘抄成的纸 700 余张。

7. 拣纸：烘干后的纸需由女工逐张检查，将不合格品剔出。由于铁笔蜡纸原纸的质量要求很严格，凡在纸上发现下列缺点之一即得剔除，这些纸的缺点俗称为"纸病"。常见的纸病有过厚、过薄、不匀、纸上有水泡、起毛、纸上有粗筋、破洞、皱等等不下 20 余种。

8. 切纸：将拣出的合格纸用切纸机裁切成规定的大小，即为成品。现在铁笔蜡纸原纸有两种统一的规格：270×440 公厘及 280×440 公厘。

浙江省铁笔蜡纸原纸成品的物理性能：厚度为 0.018 ～ 0.022 公厘，重量为每平方公尺 9.36 ～ 12.1 克。纵向断裂长应大于 10,000 公尺，横向断裂长应大于 6000 公尺，水分含量为 8% ～ 11%。

〔注〕断裂长是表示纸张拉力大小的指标，即固定纸的一端使之垂下，由纸本身重量致自行断裂时的长度。纸的拉力愈强，断裂长愈大。

乙、打字蜡纸原纸

打字蜡纸原纸的制造法基本上与铁笔蜡纸原纸相似，但这两种纸因各有不同的用途，对二者的品质有不同的要求，因此，在某些制造程序上也有不同之处。兹将打字蜡纸原纸制造方法与前种纸不同处加以简单介绍，其他相同处均不再重复。

打字蜡纸原纸在质量上的要求：薄、柔软、组织均匀、疏松多孔、有相当大的拉力、颜色纯白，此外，为了避免在加工涂蜡时，因原纸中所含杂质与加工涂料发生化学作用而影响到蜡纸的品质，因此要求原纸的杂质含量低，而要求 α-纤维素含量特高。

制造打字蜡纸原纸所用的纤维原料常用的有桑皮及构皮两种。这两种树皮在制造时，可以单独使用，亦可混合使用。

打字蜡纸原纸的制造方法基本上和铁笔蜡纸原纸相同。在制浆过程中，处理树皮的方法和前者相似，只是在蒸煮后，尚需用漂白粉将纸浆漂白，并将纸浆中所含的大部杂质在漂白时除去。

打字蜡纸原纸的抄造方法基本上亦与铁笔蜡纸原纸相同，不过在抄造时纸浆的稠度较小，约为 0.1%，浪数亦较少，约 20 ～ 30 浪。抄成的纸经压榨后，因其组织疏松多孔，大部粘液均被除去，因此不必经过烘、浸纸块的程序直接送去烘纸即可。其他程序均与铁笔蜡纸原纸同。

打字蜡纸原纸的质量标准：

1. α-纤维素含量不低于 94%；

2. 原纸要接近中性；

3. 每平方公尺重量为 9～10 克；

4. 厚度为 0.025～0.035 公厘；

5. 灰分不大于 0.5%；

6. 水分含量为 10%。

第四节　普通皮的制造法

皮纸的种类繁多，除宣纸及薄型皮纸因品质要求较高，制造方法较为特殊外，其他一般皮纸的制造方法均大同小异。普通皮纸所用的原料大多为桑皮、构皮及三桠皮等，有时并掺入部分稻草浆及废纸浆配合在一起制纸。现在将普通皮纸的制造方法分制浆及造纸两部分综合说明如后。

甲、制浆

普通皮纸用纸浆的制造法大部分都是用石灰蒸煮树皮，只有一部分制白色皮纸用纸浆在用石灰蒸煮后，再用碱蒸煮一次，然后用漂白粉将其漂白。现在仅将一般用石灰蒸煮树皮制浆的程序简述如下：

树皮→水浸→灰浸→堆置→蒸皮→踏皮→再蒸→漂洗→拣料→洗净→榨干→春碎→切短→洗浆→匀浆→纸浆

水浸：将采集来的树皮成捆地浸于水中，浸入时间的长短，要视气候的寒暖而定。气候暖时，浸二三日即可，气候寒时，则须多过数日。用水浸皮的目的在使皮质变为柔软，便于吸收石灰乳。

灰浸及堆置：将石灰用水溶解成浆，将皮浸入，然后取出堆置一二日，使灰浆渗透至皮内去。石灰的用量约为皮料重的 30%。

蒸皮：将吸好灰浆的皮料装在煌甑中，加火用蒸一二日后取出。

踏皮：将蒸过的皮用手揉成小团，放到地上，用人足将皮料表面的黑褐色皮踏去。

再蒸：踏皮完毕后，重复堆积起来，等到下次蒸皮时，将初灰浸的生皮置于甑的下层，转将堆积的熟皮复置于甑的上层，蒸一、二日后出甑。

漂洗：将蒸好的皮取出后，用清水洗去其灰浆，洗清后放到流水中漂洗二三日。

拣料及洗净：将洗净的皮捞起，由工人将皮中残留的皮壳等杂质剔出，再用水洗净。

榨干：将洗好的皮料用绳捆成束，放到木榨上榨去水分，以便于下步的打浆。

舂碎及切断：皮料的打浆方法一般多用脚碓舂碎法，其法先将皮料放在平石板上，上架木碓，将皮料舂碎成薄片，并折卷成扁条。再用闸刀切断成约五六分长的小块。

洗浆及匀浆：将切断的碎皮块装入布袋中，用圆木耙放入袋内，放在清水中搅洗，将残余杂质洗出，纤维亦被搅散开，为了使纤维彻底疏散开，再放到摇摆桶中用人力搅散均匀，即得纸浆，可供抄纸之用。

乙、造纸

皮纸有两种成纸方法：一种是普通的抄制法，一种是浇制法。

一、抄制法

纸浆→抄造→压榨→揭纸→干燥→整理→皮纸成品

抄造：抄皮纸所用的槽有木槽和石槽两种，其形式和抄竹纸者不同，槽的长约三市尺，宽约二市尺，高度连脚约二尺三寸，比其他纸槽稍为小。木槽是用木板制成的，下面有四只脚。石槽是用砖石制成的。将处理好的皮料纸浆，依所用量放入槽内，用竹棒调匀后，再加粘料胶液，乃用帘抄纸。抄纸的方法和竹纸相同。

压榨：将抄成的纸，放在榨床横板之上，页页叠复。俟一日抄完后，放在榨上榨干。

揭纸与干燥：将已榨去水分的纸移至晒场桌上，先箍开其角，然后再页页分开，贴于平滑的墙壁上晒干，或用焙笼烘干。

整理：将干燥完毕的纸，整齐地叠放在一起，用砂石磨光其四边，捆

第十七图　浇制纸

缚成件，加盖牌号，即为成品。

二、浇制法

浇制法是一种少见的制纸法，多用于制造幅度和厚度较大的桑皮纸。此种桑皮纸产于浙江富阳及新登一带，其原料用桑皮浆六成，稻草浆四成，混合造纸。其制造场所均集中在一处，即将原料处理完竣后，送至晒场，用长方形竹篾编成的帘浇制，此帘长约四尺六寸，宽约三尺四寸。浇制的情形如第十七图所示，将浆料与粘料胶液调合均匀以后，用浇料勺将浆料浇于篾帘之上，并用鸟的羽毛将浆料刷平，浆料中的水从帘孔下渐渐滤出，篾帘上即形成一张纸。将附有湿纸的篾帘稍斜地竖立，放在日光下晒干以后，将纸从篾帘上揭下，堆叠成件，用篾捆缚，加盖牌号，即为成品。

第五节 草纸的制造法

手工草纸大都以稻草和麦秸等为原料制成的，其品质很是粗糙，但价格低廉，一般均作卫生及包装之用。主要产地为浙江的富阳、桐庐、新登、余杭等地，此外如湖南、江西、河北、山西以及其他各省亦有出产。草纸的制造方法很是简单，工具设备均极简陋，一般均是农民的副业。产品的名称虽有坑边、草纸、斗坊等的分别，然而其制造方法均相似。兹将浙江富阳制造草纸的方法为例说明如后。

稻草→发酵→舂料或踏料→腌灰→舂料或踏料→洗料→抄纸→压榨→揭纸→晒干→整理→草纸战品

1. 发酵：将干燥的稻草置于露天之下，用水泼湿。逐层堆叠，其上覆以干燥的稻草，堆置 7—10 日，稻草内的非纤维素物质渐渐起发酵作用，自行发热。

2. 舂料或踏料：将发酵的稻草移至臼中，用碓舂打；或移至直径约九市尺，深约六市寸，用石块砌成的圆形浅塘（或称踏料塘）内，用牛足践踏，使其表皮组织破坏，身骨软熟，以便易于吸收灰液。

3. 腌灰：用石灰或蛎灰和水调成浆液，其用量约为原料稻草重 20% ～ 40%，将草浆透，复叠积成堆，在堆上用稻草盖好，静置起来，利用石灰的碱性和微生物的发酵作用使草内的非纤维素分解，为了使作用均匀，在堆置期间要翻堆三四次，将草内外更调，大约经一个月以后，草纤维用手指能捻得开时，料即已腌熟。

4. 舂碎或踏碎：将腌熟的草料放到臼中用碓舂碎；或移至踏料塘中，用牛足踏碎。

5. 洗料：将碎解的草料装入布袋之内，搬至溪水之中，用圆木耙放入袋内搅洗，除出灰质，至水清为度，即可将料挑回，投入槽中，去制纸了。

6. 抄纸：抄草纸用的槽也分为木槽和石槽两种；槽的长度约三市尺，

宽约二市尺，深约一市尺半；木槽之下，即有四脚的架；石槽系以石版五面砌成。将已处理好的草料，投入槽内，加适量的水搅拌均匀，即可用帘抄纸。所用的帘，较造竹纸用的帘稍为粗劣，每帘以所制纸的大小，而分格为二或四。抄成的纸，逐张堆叠放于置有竹帘的水架上。以坑边纸为例，每个工人每天可抄 4320 张（每帘可抄 4 张）。

7. 压榨：当抄成的纸达至相当数量时，即放在槽旁榨床上榨去水分。

8. 揭纸及晒干：将榨干后的纸块，每三四十张分为一小块，由女工钳开纸角，每五张成一叠，移铺于草地上，借日光晒干。干后的纸叠再由工人一张张地揭开。

9. 整理：将晒干的纸收回，堆积在一起，放在木榨上榨紧，用砂石磨去其边，捆缚成件，加盖牌号，即为成品。

稻草制坑边纸的成纸率为 42%。

第六节 麻纸及返故纸的制造法

麻纸及返故纸均产于我国北方各省，因为这两种纸的制造程序有许多地方相同，所以并在一起说明。

麻纸的主要原料是废麻如旧绳头、碎麻、破渔网、旧麻鞋等，其中以旧绳头为主，此外在制麻纸时，并混入用纸边制成的浆混合抄纸。麻纸的品种名称亦很多，常见的有呈文纸、京庄纸、方月纸、东昌纸等。麻纸的用途主要是糊窗，此外供糊棚及小学生习字等之用。

返故纸即是用废纸为原料重新制成的纸。制造这种纸的主要原料废纸除一部分是印刷厂裁下的纸边外，大部分是从城市各机关、学校以及各个角落收集得的破烂纸。这种纸在抄制时为了增加新的拉力，常混入少量蒲绒在一起抄纸。返故纸的种类有限，常见的有行呈文即俗称豆纸一种。其质量亦很粗糙，普通均作卫生及包装之用。

甲、麻纸的制造方法

一、制浆

旧麻绳→水浸→切断→整理→剁麻→浸灰→堆置→蒸料→洗料→碾料→洗料→麻浆

1. 水浸：将旧麻绳头放入水中浸湿，约需一小时，以减少在剁短时的损失。

2. 切断：用斧将绳结砍断，切短成约八寸长。

3. 整理：将绳结解散摊开，然后整理成把。

4. 剁麻：将成把的麻绳用斧剁成长约一公分长的小段。

5. 浸灰：将剁好的绳头放石碾槽内，在槽内并加入石灰及水，用畜力带动石碾将石灰碾碎调成浆，并经碾压后使其与绳头混合均匀。每一百斤绳头约需石灰 80 斤。

6. 堆置：将浸过灰的麻绳头堆放在一处，使灰液能很好地渗透到麻料内。堆置的时间在热天大约为 1—2 日，冷天则需 5—6 日。

7. 蒸料：将浸透石灰浆的麻料，放到煸甑内去进行蒸料。蒸麻料所用的煸甑构造基本上与竹纸相同，在底部为一铁锅，但上面则建造一圆筒形土甑，甑高约三尺八寸，口径约四尺，每次可蒸麻 700 ～ 800 斤。每次蒸料时，需加火蒸一日后，再闷 1—2 日，然后出甑。

8. 洗料：将蒸好的料运至废水池旁，放入大圆竹箩内，用人工洗料，其法由一人用柳罐洒水冲到料上，另一人用木扒翻捣，灌水时随洗随加，至洗净为止。

9. 碾料及洗料：将 40 ～ 50 斤洗好的料，加 7 担水放入碾槽内碾三小时取出，送至水井旁再进行洗涤。洗时用水二担在竹箩内翻洗，先用大的方形木棰压挤后，再用脚踩将废液挤出。再加水二担，再压再踩，如此三次，在碾槽内复碾三小时。如此反复三次，即得洁净的麻浆。

在制麻纸常混以纸边浆，纸边浆的处理方法甚为简易，只要将纸边放到碾槽内加水浸软，然后用畜力碾碎即可。

二、造纸

麻　浆
纸边浆 →配料→搅浆→抄纸→压榨→晒纸→选整→打包→麻纸成品

1. 配料：将麻浆与纸边浆按 3 与 2 之比混合均匀。

2. 搅浆：将配好的纸浆及水放入抄纸槽内。北方手工造纸所用的抄纸槽俗称为"碥"，碥为用数块大石版拼合而成的长方形槽，埋于地面之下，长约 6 尺，宽约 5 尺 5 寸，深约 2 尺 2 寸。抄纸工人站在槽边的坑内进行工作。抄纸所用的帘较南方抄竹纸用帘的帘丝为粗，编帘用的线系马尾而非蚕丝，因此出现纸上的帘纹甚粗。普通抄呈文纸用帘长 3 尺 4 寸 5，宽 1 尺 8 寸 5，每寸长有竹丝 26 根。每人每日可抄纸 1200～1400 张。

3. 压榨：北方手工造纸所用的榨亦与南方不同，此榨甚小，只有一榨梁，而无卷筒，不用绳索绞紧以人力榨，而是在榨梁的一端加石块，利用石块重力及杠杆作用来压榨纸内水分。榨梁的一端固定在墙壁的孔内。另一端呈"ᴄ，ᴘ"形，上面可堆放石块。每日抄完纸后，将榨梁架上，逐次加石块，压榨一夜后，次日即可去晒纸。

4. 晒纸：将榨好的纸块放在小车上，推至室外晒墙旁，进行晒纸。先由晒纸工人将湿纸由纸块上分开以后，用棕帚刷贴至墙上，用日光晒干后再揭下。

5. 选整：将破纸及不合规格标准的纸选出，然后按一定张数堆齐，用小刀将纸堆的毛边刮齐。

6. 打包：将选整好的纸按一定数量放在一起，上下用竹席盖底，用绳捆扎，然后盖印即为成品。

每一百斤旧麻绳头可制纸（以纯麻浆计）约 58 斤。

乙、返故纸的制造方法

返故纸的制造方法极为简易，现在将北京白纸坊豆纸的方法介绍如下。其法系先将收集来的废纸经人工选别除去夹杂物并抖去灰尘以后，即放在清水中浸软，置于石碾上，用畜力将其碾碎，于是将已碾碎的纸料铺在布上，将布放在一圆笸箩中，在一水井旁用水冲洗，并由洗料工人用手将料搓捏，使污水挤出，洗净后加入蒲绒，再行混合揉捏，最后卷成料团，放入槽内加水搅匀即成纸浆。至于造纸的方法则完全与麻纸相同。

每一百张豆纸成品重 2.5 斤，耗用废纸 5.7 斤，蒲绒 0.36 斤。

王诗文先生
部分著述书影

中国手工纸生产过程照片
安徽泾县宣纸生产过程照片
云南腾冲宣纸生产过程照片
福建长汀玉扣纸生产过程照片
王诗文 整理
自订相片册 27.5cm×19.8cm

造纸工业技术学讲义
王诗文 参编
中国人民大学第三工业技术学教研室
1956 年 2—4 月
油印本 26cm×17.3cm

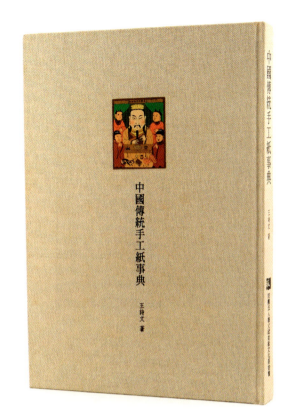

中国传统手工纸事典
王诗文 著
台湾财团法人树火纪念纸文化基金会
2001 年 10 月
精装本 30.5cm×21.5cm

《中国手工纸》插图册
王诗文 整理
自订本 27cm×19.5cm

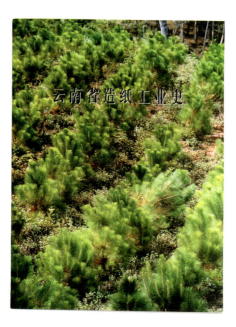

云南省造纸工业史
王诗文　参编
《云南省造纸工业史》编委会
2002 年 4 月
平装本 29.1cm×21.1cm

中国古代造纸工程技术史
王诗文　参编
山西教育出版社
2006 年 2 月
平装本 26cm×18.5cm

和纸的制造（手抄与机抄）
王诗文　译
日本埼玉县造纸工业试验厂集体编著
手稿 27cm×19cm

重编后记

重编《中国传统手工纸生产旧影》，以王诗文先生生前整理的《中国手工纸生产过程照片》《福建长汀玉扣纸生产过程照片》《安徽泾县宣纸生产过程照片》《云南腾冲宣纸生产过程照片》摄影原片为底本，共计收录手工造纸相关原始影像九十九帧，除十帧云南腾冲宣纸生产过程照片摄于20世纪70至80年代、八帧福建长汀玉扣纸生产过程照片摄于20世纪80年代末至90年代初以外，其余均为20世纪50年代摄制。据王诗文先生撰写的《中国古代造纸工程技术史》（第九章）相关内容记述，20世纪50年代，王诗文先生对影集中所涉的造纸地均进行了实地调研考察，部分地区甚至到过多次，照片的拍摄时间主要集中在1953—1957年这五年间。

原编分装四册，《中国手工纸生产过程照片》内分十节，《福建长汀玉扣纸生产过程照片》《安徽泾县宣纸生产过程照片》《云南腾冲宣纸生产过程照片》各为单独一册。重编时将十三节内容基本按照原编顺序，并按造纸原料及加工等不同，以竹纸、皮麻纸、宣纸分为三大章；全国手工纸技术经验交流会单为一章。原编影集内，照片所示的工艺步骤等，王诗文先生均手写标注了其具体名称，重编时对应为影像注释。前三章分别延请复旦大学文博系陈刚教授、国家图书馆古籍保护实验室易晓辉副研究馆员、中国宣纸集团宣纸研究所黄飞松所长、云南大学民族学与社会学学院苏俊杰副教授撰写了相关解说，以更好地辅助图像阅读；第四章全国手工纸技术经验交流会则选取了当时的新闻报道、会议资料、经验汇编等内容，全面呈现了该次会议的情况及成果。

同时还将王诗文先生遗物中，中国人民大学第三工业技术学教研室1956年编印的《造纸工业技术学讲义》里介绍手工造纸的两章内容，全文摘录出来，刊于书后作为附录一。这两章教材内容的编印时间与这批照片的拍摄时间最为接近，所记述的相关内容也与这批照片高度吻合，是这些照片内容的最好阐释。由于当时印刷技术及条件限制，《造纸工业技术学讲义》中的配图为手工描刻的油印件，保存至今许多已漫漶不清。通过查找对比，讲义中的配图，多覆刻自解放初期中华书局编印的《工农生产技术便览》小丛书中，此次重排该讲义过程中便采用了夏迺芬编著《土黄纸制造法》《白纸制造法》《造桑皮纸》《造蜡纸》中较为清晰完整的原始图稿及部分王诗文先生手绘稿。附录二则收录了王诗文先生编著、整理、参编、参撰、译著的部分已出版或未出版的著作、手稿书影，基本展示了王诗文先生一生手工纸研究方面的主要学术成果。

原编内，王诗文先生在多节照片后浮贴了所采集的相对应的手工纸实物样张，有瑞金玉扣纸，连城粉连纸、大连纸，薄型白绵纸，临汾麻纸，长汀玉扣纸、毛边纸，泾县单宣、净皮宣、罗纹宣，腾冲宣纸，共计十一种，佐以这些纸样更能反映出当时的生产情况。重编过程中，便依照现有章节，搜罗相对应的纸张样本，并由易晓辉先生逐一进行了纸张纤维检测，裁贴为少量样册随书发行，虽然数量有限，亦期读者更真切地感受手工纸之魅力。搜集纸样过程中得到云蓝阁李岩先生、重庆孙峻峰先生、南京顾浩先生、荆州郑小峰先生、富阳朱中华先生、隆回李志军先生等的无私帮助。

重编是书要感谢王诗文先生的两位老友——纸史研究专家王菊华先

生、南京信息工程大学李晓岑教授为之作序。感谢国家图书馆出版社殷梦霞女士、廖生训先生、潘云侠女士以及首都师范大学文学院南江涛副教授（原国图出版社编辑）、书籍设计师邱特聪先生、聿书堂张弥迪先生、《书法报》王可万先生、四川大学图书馆张黎俐女士、沐版社韩宁先生为是书出版做出的巨大努力。最要感谢王诗文先生家人的无私信任、不计得失，才能使得这些珍贵的旧影资料得以化身千百，流传不灭。

二十二年前，王诗文先生著作《中国传统手工纸事典》在台湾出版，纸业专家陈大川先生功不可没。《中国传统手工纸生产旧影》编排期间，我曾拜恳陈先生为是书作序，但由于当时（2021年）陈先生已百龄又三，又不慎跌倒卧床，最终未能完成。陈大川先生于2022年9月29日辞世，享年一百零四岁，亦祈愿是集的出版能告慰两位纸业先哲之灵。

壬寅岁杪江阴陈介甫谨述